Korte Verhalen in het Fins

Korte verhalen in Fins voor beginners en gevorderden

Aada Virtanen

greenthumbpublishing@gmail.com

Inhoud

Inleiding

Lezen in een vreemde taal is een van de meest effectieve manieren om uw taalvaardigheid te verbeteren en uw woordenschat uit te breiden. Toch kan het soms moeilijk zijn om boeiend leesmateriaal op een geschikt niveau te vinden dat een gevoel van prestatie en vooruitgang geeft. De meeste boeken en artikelen die voor moedertaalsprekers zijn geschreven, kunnen te lang zijn en moeilijk te begrijpen, of kunnen een woordenschat op zeer hoog niveau hebben, zodat u zich overweldigd voelt en het opgeeft. Als deze problemen bekend klinken, dan is dit boek iets voor jou!

Korte Verhalen in het Fins is een verzameling van 25 onconventionele en onderhoudende korte verhalen die zijn ontworpen om beginnende tot gemiddeld niveau Fins lerenden te helpen hun taalvaardigheden te verbeteren.

Deze korte verhalen creëren een ondersteunende leesomgeving door het opnemen van:

- Rijke taalkundige inhoud in verschillende genres om u te vermaken en u bloot te stellen aan een verscheidenheid van woordvormen.
- Kortere verhalen in hoofdstukken om u de voldoening te geven verhalen af te maken en snel vooruitgang te boeken.
- Teksten die op uw niveau geschreven zijn, zodat ze gemakkelijker te begrijpen zijn en niet overweldigend.
- Nederlandse vertaling op wisselende pagina's, zodat u er regel voor regel direct naar kunt verwijzen terwijl u het Fins verhaal leest.
- De belangrijkste woordenschat staat vetgedrukt in het hele verhaal en de vertaling, zodat u onbekende

woorden gemakkelijker kunt begrijpen.

- Begrijpelijke vragen om uw begrip van belangrijke gebeurtenissen te testen en om u aan te moedigen meer in detail te lezen.

Dus of u nu uw woordenschat wilt uitbreiden, uw begrip wilt verbeteren of gewoon voor uw plezier wilt lezen, dit boek is de grootste stap voorwaarts die u dit jaar in uw studie zult maken. Korte Verhalen in het Fins geeft u alle steun die u nodig hebt, dus leun achterover, ontspan, en laat uw fantasie de vrije loop terwijl u wordt meegevoerd naar een magische wereld van avontuur, mysterie en intrige - in het Fins!

Hoe dit boek te gebruiken

Lezen is een moeilijk talent om onder de knie te krijgen. We gebruiken een reeks microvaardigheden om ons te helpen lezen in onze moedertaal. We kunnen bijvoorbeeld een passage doornemen om een globaal idee te krijgen van waar het over gaat. Of we kammen een groot aantal bladzijden van een treindienstregeling door op zoek naar een specifieke tijd of plaats. Terwijl deze microvaardigheden een tweede natuur zijn bij het lezen in onze moedertaal, blijkt uit onderzoek dat we de meeste ervan vaak vergeten bij het lezen in een vreemde taal. Wanneer we een vreemde taal leren, beginnen we gewoonlijk bij het begin van een tekst en werken we ons een weg door de tekst, waarbij we elk woord proberen te begrijpen. Onvermijdelijk komen we onbekende of ingewikkelde termen tegen en raken we geïrriteerd door ons onvermogen om ze te begrijpen.

Een van de grootste voordelen van het lezen in een vreemde taal is dat je wordt blootgesteld aan een groot aantal zinnen en uitdrukkingen die in alledaagse situaties worden gebruikt. Extensief lezen is een term die wordt gebruikt om het lezen voor plezier aan te duiden om een taal te leren. Het is niet zoals het lezen van een tekstboek, wanneer gesprekken of teksten zijn ontworpen om langzaam en zorgvuldig te worden gelezen met het doel om elk woord te begrijpen. "Intensief lezen" verwijst naar lezen dat wordt gedaan om specifieke leerdoelen te bereiken of taken te voltooien. Anders gezegd, intensief lezen in tekstboeken helpt meestal bij het leren van grammaticaregels en bepaalde woordenschat, maar extensief lezen van verhalen helpt bij het leren van natuurlijke taal.

Korte Verhalen in het Fins biedt u de mogelijkheid om meer te leren over natuurlijk Fins taalgebruik, ook al bent u uw taalleertocht misschien begonnen met uitsluitend tekstboeken. Hier zijn een paar tips om in gedachten te houden als u de verhalen in dit boek leest om er het meeste uit te halen: Als het op lezen aankomt, zijn plezier en een gevoel van vervulling van cruciaal belang. Je blijft terugkomen voor meer omdat je geniet van wat je aan het lezen bent. Elk verhaal van begin tot eind lezen is de beste methode om plezier te beleven aan het lezen van verhalen en je volbracht te voelen. Het belangrijkste is dan ook om het einde van een verhaal te halen. Dat is eigenlijk nog belangrijker dan elk woord te kennen.

Hoe meer je leest, hoe meer kennis je zult opdoen. U zult snel een kennis hebben van hoe Fins werkt als u grotere boeken leest voor uw plezier. Bedenk echter wel dat u, om ten volle van de voordelen van extensief lezen te kunnen profiteren, eerst een voldoende omvangrijk boek moet lezen. Door hier en daar een paar bladzijden te lezen leert u misschien een paar nieuwe woorden, maar het zal geen significant verschil maken in uw algehele niveau van Fins.

Accepteer dat je niet alles zult begrijpen van wat je in een roman leest. Dit is, zonder twijfel, het meest cruciale punt! Onthoud altijd dat het volkomen aanvaardbaar is dat u niet alle woorden of zinnen begrijpt. Het betekent niet dat je taalvaardigheden ontoereikend zijn of dat je slecht presteert. Het geeft aan dat u actief betrokken bent bij het leerproces.

Leesgids

Om het meeste uit het lezen van Korte Verhalen in het Fins te halen, kunt u het beste dit eenvoudige leesproces in zes stappen volgen voor elk hoofdstuk van de verhalen:

1. Lees de titel van het hoofdstuk. Denk na over waar het verhaal over zou kunnen gaan. Lees dan het verhaal helemaal door. Uw doel is gewoon het einde van het verhaal te bereiken. Stop daarom niet om woorden op te zoeken en maak u geen zorgen als er dingen zijn die u niet begrijpt. Probeer gewoon de plot te volgen.

2. Wanneer u het einde van het verhaal hebt bereikt, scant u de Nederlandse vertaling om te zien of u hebt begrepen wat er is gebeurd en pikt u alle context op die u misschien hebt gemist.

3. Ga terug en lees hetzelfde verhaal opnieuw. Als u wilt, kunt u zich meer op de details van het verhaal concentreren, maar anders leest u het gewoon nog een keer door.

4. Werk vervolgens door de begripsvragen in Fins om te controleren of u de belangrijkste gebeurtenissen in het verhaal begrijpt. Als u de vragen niet helemaal begrijpt, hoeft u zich geen zorgen te maken. Gebruik uw kennis om zo goed mogelijk te antwoorden.

5. Op dit punt moet u de belangrijkste gebeurtenissen van het hoofdstuk enigszins begrijpen. Als dat niet het geval is, kunt u het hoofdstuk een paar keer herlezen, waarbij u de vertaling gebruikt om onbekende woorden en zinnen te controleren, totdat u zich zeker voelt.

Zodra u klaar bent en zeker weet dat u begrijpt wat er is gebeurd - of dat nu na één lezing van het verhaal is of na meerdere - gaat u verder met het volgende verhaal en geniet u verder van het verhaal in uw eigen tempo, net zoals u van elk ander boek zou genieten.

Pas als u een verhaal in zijn geheel hebt uitgelezen, moet u overwegen terug te gaan en de verhaaltaal desgewenst verder uit te diepen. Of in plaats van u zorgen te maken of u alles begrijpt, de tijd te nemen om u te concentreren op alles wat u hebt begrepen en uzelf te feliciteren met alles wat u hebt gedaan.

Korte Verhalen

in het Fins

Helsinki

Aurinko oli laskemassa Helsingin ylle, kun kävelin **kadulla**. Kaupunki oli niin **kaunis** vanhoine rakennuksineen ja mukulakivikatuineen. Minusta tuntui kuin olisin ollut eri maailmassa. Käännyin kulman takaa ja näin taidegallerian kyltin. Päätin mennä sisään, koska rakastan taidetta. Galleria oli pieni, mutta siellä oli todella uskomattomia maalauksia esillä. Yksi maalaus kiinnitti erityisesti huomioni; siinä oli **nainen** kävelemässä kukkapellon läpi. Se näytti niin rauhalliselta ja seesteiseltä. Päädyin viettämään galleriassa tunteja ihaillen kaikkia taideteoksia. Kun lopulta lähdin, ulkona oli jo **pimeää.**

Kun kävelin takaisin hotellille, en voinut olla tuntematta **kiitollisuutta** tästä upeasta kaupungista ja kaikesta siitä, mitä sillä on tarjota. Seuraavana päivänä heräsin aikaisin ja päätin **tutkia** Helsinkiä lisää. Kävelin jonkin aikaa ympäriinsä, ihailin arkkitehtuuria ja katselin nähtävyyksiä. Lopulta päädyin Senaatintorille, jossa on joitakin Helsingin tärkeimpiä rakennuksia. Olin juuri lähdössä, kun näin **ryhmän** ihmisiä kerääntyvän jonkin ympärille. Menin katsomaan, mistä oli kyse, ja näin, että he katselivat hevosella ratsastavan miehen patsasta. Miehen nimi oli Carl Gustaf Emil Mannerheim, ja hän oli merkittävä henkilö Suomen **historiassa**. Jäin sinne

Helsinki

De zon ging onder boven Helsinki toen ik door de **straat** liep. De stad was zo **mooi**, met zijn oude gebouwen en geplaveide straten. Ik voelde me alsof ik in een andere wereld was. Ik sloeg een hoek om en zag een bord voor een kunstgalerie. Ik besloot naar binnen te gaan, omdat ik van kunst houd. De galerie was klein, maar er hingen prachtige schilderijen. Eén schilderij in het bijzonder trok mijn aandacht; het was van een **vrouw** die door een veld met bloemen wandelde. Het zag er zo vredig en sereen uit. Ik heb uiteindelijk uren in de galerie doorgebracht, alle kunstwerken bewonderend. Toen ik eindelijk wegging, was het al **donker** buiten.

Terwijl ik terugliep naar mijn hotel, kon ik niet anders dan me **dankbaar** voelen voor deze geweldige stad en alles wat ze te bieden heeft. De volgende dag stond ik vroeg op en besloot ik Helsinki verder te verkennen. Ik liep een tijdje rond, bewonderde de architectuur en nam de bezienswaardigheden in me op. Uiteindelijk ging ik naar het Senaatsplein, waar zich enkele van de belangrijkste gebouwen van Helsinki bevinden. Ik stond op het punt om te vertrekken toen ik een **groep** mensen zag die zich ergens om verzamelden. Ik ging kijken wat er aan de hand was en zag dat ze naar een standbeeld van een man op een paard keken. De man heette Carl

hetkeksi kuuntelemaan tarinoita, joita ihmiset kertoivat hänestä. Oli kiehtovaa oppia ihmisestä, jolla oli niin suuri vaikutus tähän maahan.

Vietettyäni jonkin aikaa **torilla** päätin käydä syömässä jotain. Löysin söpön pienen kahvilan ja tilasin kupin kahvia ja leivoksen. Kun istuin nauttimassa **välipalaa**, huomasin, että ohi käveli joukko ihmisiä kameroiden kanssa. He olivat selvästi turisteja. Sain yhtäkkiä idean; miksi en esittelisi heille Helsinkiä? Söin ruokani loppuun ja lähestyin ryhmää. He olivat **iloisia** siitä, että joku näytti heille paikkoja, joten vietimme loppupäivän tutustuen kaupunkiin yhdessä. Kävimme kaikenlaisissa paikoissa, kuten kirkoissa, museoissa ja jopa huvipuistossa! Päivä oli niin hauska, ja olen varma, että he muistavat Helsingissä viettämänsä ajan aina minun ansiostani.

Gustaf Emil Mannerheim, en hij was een belangrijk figuur in de Finse **geschiedenis**. Ik bleef daar een tijdje staan en luisterde naar de verhalen die de mensen over hem vertelden. Het was fascinerend om te horen over iemand die zo'n grote invloed had op dit land.

Na enige tijd op het **plein** te hebben doorgebracht, besloot ik iets te gaan eten. Ik vond een schattig cafeetje en bestelde een kop koffie en een gebakje. Terwijl ik daar zat te genieten van mijn **hapje**, zag ik een groep mensen met camera's voorbij lopen. Het waren duidelijk toeristen. Ik had opeens een idee: waarom zou ik ze niet eens Helsinki laten zien? Ik at mijn eten op en stapte op de groep af. Ze waren **blij** dat iemand hen rondleidde, dus hebben we de rest van de dag samen de stad verkend. We gingen naar allerlei verschillende plaatsen, waaronder kerken, musea, en zelfs een pretpark! Het was zo'n leuke dag en ik ben er zeker van dat ze hun tijd in Helsinki altijd zullen herinneren dankzij mij.

Ymmärtämisen kysymykset

1. Mitä kirjailija teki saapuessaan Helsinkiin?

2. Mitä mieltä kirjailija oli kaupungista?

3. Mitä kirjailija teki nähdessään taidegallerian kyltin?

4. Mikä oli kirjailijan suosikkitaulu galleriassa?

5. Miltä kirjailijasta tuntui, kun hän lähti galleriasta?

6. Mitä kirjailija teki seuraavana päivänä?

7. Minne kirjailija meni toisena päivänä?

8. Mitä kirjailija näki ollessaan Senaatintorilla?

9. Mitä kirjailija teki, kun hän sai idean näyttää turisteille paikkoja?

10. Missä paikoissa kirjailija ja turistit kävivät?

Begrip vragen

1. Wat deed de schrijfster toen ze voor het eerst in Helsinki aankwam?

2. Wat vond de schrijver van de stad?

3. Wat deed de schrijfster toen ze het bord van de kunstgalerie zag?

4. Wat was het favoriete schilderij van de auteur in de galerie?

5. Hoe voelde de schrijfster zich toen ze de galerie verliet?

6. Wat deed de auteur de volgende dag?

7. Waar ging de schrijver heen op de tweede dag?

8. Wat heeft de schrijfster gezien toen ze op Senate Square was?

9. Wat deed de schrijfster toen ze op het idee kwam om de toeristen rond te leiden?

10. Naar welke plaatsen zijn de schrijver en de toeristen gegaan?

Jääkiekko

Kanadassa oli kylmä talvipäivä, ja jäähallissa oli **paljon** ihmisiä luistelemassa ja pelaamassa jääkiekkoa. Heidän joukossaan oli nuori poika nimeltä Timmy, joka rakasti **jääkiekon** pelaamista. Hän oli luistellut siitä asti, kun hän oli osannut kävellä, ja hänen unelmansa oli pelata jonain päivänä NHL:ssä. Timmyn vanhemmat olivat iskostaneet häneen rakkauden jääkiekkoon jo nuoresta pitäen. Hänen isänsä oli pelannut puoliammattilaisena ennen kuin **loukkaantuminen** lopetti hänen uransa, joten hän valmensi Timmyä ja hänen ystäviään paikallisessa joukkueessa. Hänen äitinsä työskenteli areenalla myymässä anniskelumyyntiä, joten hän varmisti aina, että Timmy sai **luistimet** ja mailat. Timmy vietti jokaisen hetken jäällä, kun hän ei ollut koulussa tai tehnyt läksyjä.

Hän luisteli koulun jälkeen tuntikausia pimeään asti, meni sitten kotiin **syömään** ja aloitti kaiken alusta seuraavana päivänä. Hänen taitonsa paranivat nopeasti, kun hän harjoitteli jatkuvasti, mutta jotkut asiat jäivät häneltä edelleen huomaamatta, kuten mailan käsittely puolustajien ympärillä tai tarkat syötöt **pieniin** tiloihin. Yksi asia, joka tuli Timmylle kuitenkin luonnostaan, oli maalien tekeminen. Aina kun oli peli, oli se sitten minkä tasoinen tahansa, hän huomasi tekevänsä pisteitä jatkuvasti paremmin kuin kukaan

Ijshockey

Het was een koude winterdag in Canada, en op de ijsbaan was **het druk** met mensen die schaatsten en ijshockey speelden. Onder hen was een jonge jongen, Timmy, die dol was op **ijshockey**. Hij schaatste al sinds hij kon lopen, en zijn droom was om ooit in de NHL te spelen. Timmy's ouders hadden hem van jongs af aan de liefde voor hockey bijgebracht. Zijn vader had semi-prof gespeeld voordat een **blessure** een einde maakte aan zijn carrière, dus coachte hij Timmy en zijn vrienden in het plaatselijke team. Zijn moeder werkte in de arena als concessieverkoopster, dus zorgde zij er altijd voor dat Timmy **schaatsen** en sticks had. Timmy bracht elk vrij moment op het ijs door, als hij niet op school zat of huiswerk aan het maken was.

Hij schaatste uren na school tot het donker was, ging dan naar huis om te **eten** en deed het de volgende dag nog eens over. Zijn vaardigheden gingen snel vooruit omdat hij voortdurend oefende, maar er waren nog steeds een paar dingen die hem ontgingen, zoals het omgaan met de stick om verdedigers heen of het maken van precieze passes in **kleine** ruimtes. Wat Timmy echter van nature al kon, was doelpunten maken. Altijd als er een wedstrijd was, op welk niveau dan ook, was hij beter in het scoren dan wie dan ook. Het leek erop dat het niet uitmaakte waar hij schoot,

muu. Näytti siltä, että riippumatta siitä, mihin hän ampui, se meni sisään. Näin useimmat ihmiset tunsivat hänet nimellä “The Kid Who Scores All The Time”. Vaikka he eivät koskaan sanonut sitä suoraan hänen **kasvonsa** , oli joitakin lapsia, jotka ajattelivat tämä lempinimi ei ollut kovin siistiä , koska he näkivät itsensä enemmän “jääkiekkoilijoita” ‘ eikä vain maalintekijöitä . He moittivat häntä usein siitä, että hän oli hyvä vain yhdessä asiassa, mutta Timmy ei välittänyt; hän rakasti maalien tekemistä **riippumatta siitä,** mitä muut ajattelivat siitä.

Eräänä päivänä Timmyn taidot joutuivat koetukselle pelissä yhtä liigan parhaista joukkueista vastaan. Hänen joukkueensa oli kahden maalin tappiolla, kun kolmatta erää oli jäljellä vain muutama minuutti. Timmy oli jo tehnyt kaksi maalia ottelussa, mutta hänen **joukkuetovereillaan** oli vaikeuksia pysyä toisen joukkueen nopeuden ja taitojen perässä. Ajan loppuessa Timmy otti tilanteen omiin käsiinsä ja luisteli laidasta laitaan, minkä jälkeen hän laukoi rannelaukauksen yläkulmaan ohi maalivahdin **hanskan**. Sitten hän valmisteli toisen maalin täydellisellä syötöllä tasoittaakseen pelin varsinaisen peliajan lopulla. Lisäajalla hän viimeisteli hattutemppunsa tekemällä maalin vielä toisella **läpiajolla**. Kun kaikki oli sanottu ja tehty, Timmyn joukkue voitti 5-4 hänen sankaritekojensa ansiosta. Sinä iltana hän meni kotiin ja haaveili **pelaavansa** jääkiekkoa Madison Square Gardenissa, kuten niin monet suurmiehet ennen häntä.

het ging erin. Dit is hoe de meeste mensen hem kenden als “De jongen die altijd scoort.” Hoewel ze het nooit recht in zijn **gezicht** zeiden, waren er enkele kinderen die deze bijnaam niet erg cool vonden omdat ze zichzelf meer als “hockeyspelers” zagen dan als doelpuntenmakers. Ze maakten hem vaak kwaad omdat hij maar goed was in één ding, maar dat kon Timmy niets schelen; hij hield van doelpunten maken, ongeacht wat anderen ervan vonden.

Op een dag werden Timmy’s vaardigheden op de proef gesteld in een wedstrijd tegen een van de beste teams in de competitie. Zijn team stond twee doelpunten achter met nog maar enkele minuten te gaan in de derde periode. Timmy had al twee keer gescoord in de wedstrijd, maar zijn **teamgenoten** hadden moeite om de snelheid en vaardigheid van het andere team bij te houden. Toen de tijd begon te dringen, nam Timmy het heft in eigen handen en schaatste van links naar rechts voordat hij een polsschot in de bovenhoek langs de **handschoen** van de keeper schoot. Hij zette nog een doelpunt op met een perfecte pass om de wedstrijd gelijk te trekken laat in de wedstrijd. In de verlenging maakte hij zijn hattrick af door opnieuw te scoren op een **doorbraak**. Toen alles voorbij was, won Timmy’s team met 5-4 dankzij zijn heldendaden. Die avond ging hij naar huis en droomde ervan om hockey **te spelen** in Madison Square Garden, zoals zovele groten voor hem.

Ymmärtämisen kysymykset

1. Millainen sää oli tekstissä kuvattuna päivänä?

2. Missä Timmy oli tarinan tapahtumahetkellä?

3. Mikä oli Timmyn unelma?

4. Kuka valmensi Timmyn jääkiekkojoukkuetta?

5. Miten Timmy vietti vapaa-aikaansa?

6. Mikä lempinimi Timmyllä oli?

7. Miksi jotkut muut lapset eivät pitäneet Timmystä?

8. Mitä tapahtui ottelussa toista joukkuetta vastaan?

9. Miten Timmyn joukkue lopulta voitti pelin?

10. Minne Timmy meni pelin jälkeen?

Begrip vragen

1. Wat voor weer was het op de dag die in de tekst beschreven wordt?

2. Waar was Timmy toen het verhaal zich afspeelde?

3. Wat was Timmy's droom?

4. Wie coachte Timmy's hockey team?

5. Hoe bracht Timmy zijn vrije tijd door?

6. Welke bijnaam had Timmy?

7. Waarom vonden sommige andere kinderen Timmy niet aardig?

8. Wat gebeurde er in de wedstrijd tegen het andere team?

9. Hoe heeft Timmy's team uiteindelijk de wedstrijd gewonnen?

10. Waar ging Timmy heen na de wedstrijd?

Mämmi

Mämmi oli aina hieman **erilainen** kuin muut luokkansa lapset. Hänellä oli laaja mielikuvitus ja hän rakasti **haaveilla**. Luokkatoverit pilkkasivat häntä usein, mutta häntä se ei haitannut. Se sai hänet vain päättäväisemmäksi osoittamaan, että he olivat väärässä. Eräänä päivänä Mämmi keksi nerokkaimman idean ikinä: hän aikoi rakentaa aikakoneen! Luotettavan kissansa Snickersin avulla hän ryhtyi keräämään materiaaleja ja kokoamaan rakennelmaa. **Viikkojen** kovan työn jälkeen se oli vihdoin valmis. Mämmi kiipesi sisään ja käynnisti moottorin... mutta mitään ei tapahtunut. Hän nousi ulos katsomaan tarkemmin, kun yhtäkkiä... **aikakone** alkoi toimia!

Hän oli tehnyt sen! Mämmi ei voinut uskoa silmiään, kun hän katseli, miten **maailma** hänen ympärillään muuttui ennen kuin se katosi pimeyteen. Kun hän avasi silmänsä uudelleen, hän huomasi olevansa muinaisessa Egyptissä! Mämmi oli innoissaan siitä, että hän oli **muinaisessa** Egyptissä, eikä hukannut aikaa uuden ympäristönsä tutkimiseen. Hän kiipesi pyramideille, ratsasti kameleilla ja pääsi jopa tapaamaan itse faraon! Mämmin tarina aikakoneen rakentamisesta teki häneen niin suuren vaikutuksen, että hän tarjoutui ottamaan hänet **hovinsa** kunniajäseneksi. Mämmi

Mämmi

Mämmi was altijd al een beetje **anders** dan de andere kinderen in haar klas. Ze had een grote fantasie en hield van **dagdromen**. Haar klasgenoten dreven vaak de spot met haar, maar dat vond ze niet erg. Het maakte haar alleen maar vastberadener om hun ongelijk te bewijzen. Op een dag kwam Mämmi met het meest briljante idee ooit: ze ging een tijdmachine bouwen! Met de hulp van haar trouwe kat, Snickers, ging ze aan de slag om materialen te verzamelen en haar bouwsel in elkaar te zetten. Na **weken** van hard werken, was het eindelijk klaar. Mämmi klom naar binnen en zette de motor aan... maar er gebeurde niets. Ze stapte uit om een kijkje te nemen toen plotseling... de **tijdmachine** begon te werken!

Het is haar gelukt. Mämmi kon haar ogen niet geloven toen ze zag hoe de **wereld** om haar heen veranderde en in het zwart verdween. Toen ze haar ogen weer opende, bevond ze zich in het oude Egypte! Mämmi was dolblij dat ze in **het oude** Egypte was en ze liet er geen gras over groeien om haar nieuwe omgeving te verkennen. Ze beklom piramides, reed op kamelen, en ontmoette zelfs de farao zelf! Hij was zo onder de indruk van haar verhaal over hoe ze een tijdmachine had gebouwd, dat hij haar voorstelde erelid van zijn **hof te worden**. Mämmi

oli innoissaan eikä malttanut odottaa, että hän voisi kertoa luokkatovereilleen kotona hämmästyttävästä seikkailustaan. Heidän olisi nyt vihdoin **uskottava** häntä!

Kun Mämmi palasi kotiin, hän huomasi yllätyksekseen, että hänen luokkatovereitaan ei enää ollut siellä. Itse asiassa ketään ei ollut siellä ollenkaan. Koko **kaupunki** oli hylätty! Hän käveli hämmentyneenä ympäriinsä, kunnes törmäsi sanomalehteen, joka oli päivätty sinä päivänä, jolloin hän oli lähtenyt. Kävi ilmi, että hänen poissa ollessaan oli puhjennut ydinsota ja kaikki oli evakuoitu. Mämmi ei voinut uskoa sitä. Hän tunsi syyllisyyttä siitä, että oli jättänyt ystävänsä taakseen eikä voinut varoittaa heitä tulevasta. Mutta ehkä... vain ehkä... hän voisi käyttää aikakonettaan palatakseen takaisin ja muuttaakseen historiaa? Mämmi oli lähdössä elämänsä tärkeimmälle matkalle. Hän **hyvästeli** Snickersin ja asetti koordinaatit sille päivälle, jolloin hän lähtisi. Kun aikakone pörräsi käyntiin, hän saattoi vain toivoa, ettei hän ollut liian **myöhässä**.

was in de wolken van opwinding en kon niet wachten om haar klasgenoten thuis over haar geweldige avontuur te vertellen. Ze zouden haar nu eindelijk moeten **geloven**!

Toen Mämmi thuiskwam, was ze verbaasd dat haar klasgenoten er niet meer waren. In feite was er helemaal niemand meer. De hele **stad** was verlaten! Ze liep verdwaasd rond tot ze een krant tegenkwam van de dag dat ze was vertrokken. Het bleek dat terwijl zij weg was, er een **nucleaire** oorlog was uitgebroken en dat iedereen geëvacueerd was. Mämmi kon het niet geloven. Ze voelde zich schuldig dat ze haar vrienden achterliet en hen niet kon waarschuwen voor wat er zou komen. Maar misschien...heel misschien...kon ze haar tijdmachine gebruiken om terug te gaan en de geschiedenis te veranderen? Mämmi stond op het punt om aan de belangrijkste reis van haar leven te beginnen. Ze nam **afscheid** van Snickers en stelde de coördinaten in voor de dag dat ze zou vertrekken. Terwijl de tijdmachine tot leven kwam, kon ze alleen maar hopen dat ze niet te **laat** was.

Ymmärtämisen kysymykset

1. Mikä oli Mämmen kaikkien aikojen nerokkain idea?

2. Miltä Mämmistä tuntui, kun hän sai tietää, että hänen luokkatovereitaan ei enää ollut?

3. Mihin Mämmi oli lähdössä, kun tarina päättyi?

4. Miksi Mämmin luokkatoverit pilkkasivat häntä?

5. Miten Mämmi tapasi faraon?

6. Mitä farao sanoi Mämmille?

7. Mitä Mämmi teki saapuessaan muinaiseen Egyptiin?

8. Mikä oli Mämmen löytämän sanomalehden päiväys?

9. Mikä aiheutti ydinsodan?

10. Mikä oli Mämmen tavoite menemällä ajassa taaksepäin?

Begrip vragen

1. Wat was het meest briljante idee dat Mämmi ooit had?

2. Hoe voelde Mämmi zich toen ze ontdekte dat haar klasgenoten er niet meer waren?

3. Wat stond Mämmi op het punt te gaan doen toen het verhaal eindigde?

4. Waarom hebben Mämmi's klasgenoten haar uitgelachen?

5. Hoe heeft Mämmi de Farao ontmoet?

6. Wat zei de Farao tegen Mämmi?

7. Wat deed Mämmi toen ze voor het eerst in het oude Egypte aankwam?

8. Wat was de datum van de krant die Mämmi vond?

9. Wat veroorzaakte de atoomoorlog?

10. Wat was Mämmi's doel om terug in de tijd te gaan?

Nokia

Nokian perusti vuonna 1865 Fredrik Idestam sellutehtaana. Nokia laajeni nopeasti sähköalalle, ja siitä tuli merkittävä toimija Suomen taloudessa ja lopulta yksi Suomen suurimmista yrityksistä. Vuonna 1967 Nokia **perusti** oman elektroniikkaosaston, joka alkoi valmistaa digitaalisia puhelimia ja muita kulutuselektroniikan laitteita. 1990-luvun alkuun mennessä Nokiasta oli tullut maailman johtava matkapuhelinvalmistaja. Vuonna 1998 Nokia toi markkinoille **vallankumouksellisen** 1100-puhelimen, josta tuli nopeasti yksi kaikkien aikojen myydyimmistä puhelimista. 1100-puhelimen menestys johti Nokian nopeaan kasvuun, ja vuoteen 2005 mennessä Nokia oli maailman johtava matkapuhelinvalmistaja.

Nokia on edelleen yksi suosituimmista matkapuhelinmerkeistä, ja sen tuotteita käytetään kaikkialla maailmassa. Nokian historia on täynnä innovaatioita ja menestystä. Nokia on ollut **mobiiliteknologian** eturintamassa jo vuosia, ja miljoonat ihmiset ympäri maailmaa käyttävät sen tuotteita. Nokia on aina ollut yritys, joka on valmis ottamaan riskejä, ja tämä on johtanut hämmästyttäviin innovaatioihin. Vuonna 2007 se julkaisi Nokia N95:n, joka oli yksi ensimmäisistä puhelimista, **joissa oli** sisäänrakennettu GPS-järjestelmä. Tämä puhelin

Nokia

Nokia werd in 1865 opgericht als een pulpfabriek door Fredrik Idestam. Nokia breidde zich snel uit naar de **elektriciteitssector** en werd een belangrijke speler in de Finse economie en uiteindelijk een van de grootste bedrijven in Finland. In 1967 **richtte** Nokia zijn eigen elektronica-afdeling op, die begon met de productie van digitale telefoons en andere apparaten voor consumentenelektronica. Tegen het begin van de jaren 1990 was Nokia een van de grootste producenten van mobiele telefoons ter wereld geworden. In 1998 lanceerde Nokia de **revolutionaire** 1100-telefoon, die al snel een van de best verkochte telefoons ooit werd. Het succes van de 1100 leidde tot een periode van snelle groei voor Nokia, en tegen 2005 waren zij 's werelds grootste fabrikant van **mobiele** telefoons.

Vandaag de dag is Nokia nog steeds een van de populairste merken als het gaat om mobiele telefoons, en hun producten worden over de hele wereld gebruikt. De geschiedenis van Nokia is er een van innovatie en succes. Het bedrijf loopt al vele jaren voorop op het gebied van mobiele **technologie** en zijn producten worden door miljoenen mensen over de hele wereld gebruikt. Nokia is altijd een bedrijf geweest dat bereid was risico's te nemen, en dit heeft geleid tot enkele verbazingwekkende innovaties. In 2007 brachten ze

oli valtava menestys, ja se lujitti Nokian asemaa mobiiliteknologian **johtavana toimijana.**

Viime vuosina Nokia on kohdannut kovaa **kilpailua** muiden valmistajien taholta, mutta se on silti onnistunut pysymään merkityksellisenä mobiiliteknologian alati muuttuvassa maailmassa. Nokia 8 on **uusin** lippulaivapuhelin, joka on todiste siitä, että Nokia on edelleen voimatekijä, johon on syytä varautua. Nokian tulevaisuus näyttää valoisalta, eikä ole epäilystäkään siitä, etteivätkö he jatkaisi **innovointia** ja yllättäisi meitä uusilla tuotteilla tulevina **vuosina.**

de Nokia N95 uit, een van de eerste telefoons **met** een ingebouwd GPS-systeem. Deze telefoon was een groot succes en verstevigde Nokia's positie als **leider** in mobiele technologie.

De afgelopen jaren heeft Nokia zware **concurrentie ondervonden** van andere fabrikanten, maar ze zijn er nog steeds in geslaagd om relevant te blijven in de steeds veranderende wereld van mobiele technologie. Hun **nieuwste** vlaggenschiptelefoon, de Nokia 8, is het bewijs dat ze nog steeds een kracht zijn om rekening mee te houden. De toekomst ziet er rooskleurig uit voor Nokia, en er bestaat geen twijfel over dat ze zullen blijven **innoveren** en ons de komende **jaren zullen blijven verrassen** met nieuwe producten.

Ymmärtämisen kysymykset

1. Minä vuonna Nokia perustettiin?

2. Millä alalla Nokia laajeni nopeasti perustamisensa jälkeen?

3. Mikä oli Nokian ensimmäinen elektroniikkaosaston tuote?

4. Milloin Nokiasta tuli maailman johtava matkapuhelinvalmistaja?

5. Mikä oli ensimmäinen puhelin, jossa oli sisäänrakennettu GPS-järjestelmä?

6. Mikä on Nokian uusin lippulaivapuhelin?

7. Mikä oli Nokian alkuperäinen tarkoitus?

8. Kuinka monessa maassa Nokian tuotteita käytetään?

9. Miltä Nokian tulevaisuus näyttää?

10. Mikä on ollut Nokian menestynein puhelin?

Begrip vragen

1. In welk jaar werd Nokia opgericht?

2. In welke sector heeft Nokia zich na de oprichting snel ontwikkeld?

3. Wat was het eerste product van Nokia's elektronische afdeling?

4. Wanneer werd Nokia 's werelds grootste fabrikant van mobiele telefoons?

5. Wat was de eerste telefoon met een ingebouwd GPS-systeem?

6. Wat is Nokia's nieuwste vlaggenschiptelefoon?

7. Wat was het oorspronkelijke doel van Nokia?

8. In hoeveel landen worden Nokia-producten gebruikt?

9. Hoe ziet de toekomst er voor Nokia uit?

10. Wat was Nokia's meest succesvolle telefoon?

Saimaan järvi

Aurinko oli laskemassa Saimaan ylle, ja viimeiset **valonsäteet** loistivat veden päällä. Se oli kaunis näky. Yhtäkkiä vedessä roiskui ja siitä alkoi nousta jotain. Ensin se näytti tukilta, mutta sitten se alkoi saada **ihmisen** muodon. Se oli ihminen! Hänellä oli pitkät hiukset ja parta, ja hänellä oli päällään outoja vaatteita. Mies kiipesi rantaan ja katseli ympärilleen, aivan kuin hän ei olisi tiennyt, missä hän oli. Sitten hän näki **naisen** kävelevän yksinään rantaviivaa pitkin. Mies huusi naista ja pyysi apua. Nainen epäröi ensin, mutta sitten hän meni miehen luo ja kysyi, mikä hänen nimensä oli. Mies kertoi naiselle, että hänen nimensä oli Finnegan ja että hän ei tiennyt, miten hän oli joutunut **tänne** tai missä hän edes oli.

Nainen esitteli itsensä Sarahiksi ja tarjoutui viemään hänet kaupunkiin, jotta hän voisi selvittää, mitä oli tapahtunut. Sarah vei Finneganin kaupunkiin , ja he menivät paikalliseen **pubiin** . Siellä Sarah puhui joidenkin ihmisten kanssa siitä, mitä Finneganille saattoi tapahtua. He kaikki olivat yhtä mieltä siitä, että kuulosti siltä, että Finnegan oli jotenkin siirretty toisesta ajasta tai paikasta . Kukaan ei tiennyt tarkalleen , miten se olisi voinut tapahtua , mutta kaikki sanoivat , että Saimaan lähellä kaikki oli mahdollista . Vietettyään jonkin **aikaa**

Saimaa meer

De zon ging onder boven het Saimaa meer, en de laatste **lichtstralen schenen** op het water. Het was een prachtig gezicht. Plotseling was er een plons in het water en iets begon uit het water op te stijgen. Eerst leek het op een boomstam, maar toen begon het **een menselijke** vorm aan te nemen. Het was een man! Hij had lang haar en een baard, en hij droeg vreemde kleren. De man klom op de oever en keek om zich heen, alsof hij niet wist waar hij was. Toen zag hij een **vrouw** alleen langs de oever lopen. De man riep naar haar en vroeg om hulp. De vrouw aarzelde eerst, maar ging toen naar hem toe en vroeg wat zijn naam was. De man vertelde haar dat zijn naam Finnegan was en dat hij niet wist hoe hij **hier was** gekomen of waar hij was.

De vrouw stelde zich voor als Sarah en bood aan hem naar de stad te brengen zodat hij kon uitzoeken wat er gebeurd was . Sarah nam Finnegan mee naar de stad , en ze gingen naar de plaatselijke **kroeg** . Daar sprak Sarah met enkele mensen over wat er met Finnegan gebeurd zou kunnen zijn . Ze waren het er allemaal over eens dat het klonk alsof Finnegan getransporteerd was uit een andere tijd of plaats . Niemand wist precies hoe het gebeurd kon zijn , maar ze zeiden allemaal dat alles mogelijk was in de buurt van het Saimaa meer

kaupungissa , Saara vei Finneganin takaisin kotiinsa , jotta hän voisi levätä ennen kuin yrittää keksiä , miten päästä kotiin itse . Kun he kävelivät **rantaviivaa** pitkin tähtien alla , sekä Saara että Finnegan tunsivat kiitollisuutta sattumanvaraisesta tapaamisesta - sillä kuka tietää, mitä Finnegan-paralle olisi **tapahtunut** ilman sitä?

Seuraavana päivänä Finnegan heräsi ja yritti miettiä, miten hän pääsisi takaisin kotiin. Hän tiesi, ettei se olisi helppoa, mutta hänen oli yritettävä. Hän käveli **rantaviivalle** ja katseli veden yli. Se oli niin laaja ja syvä, eikä hänellä ollut aavistustakaan, mistä edes aloittaa. Hän istuutui **maahan** , nojaten päänsä käsiinsä. Sarah tuli hänen takanaan ja laittoi kätensä hänen olkapäälleen . Hän kertoi auttavansa häntä **kaikin tavoin**, mutta hänkään ei tiennyt, miten aloittaa .

. Na enige **tijd** in de stad te hebben doorgebracht , nam Sarah Finnegan mee naar haar huis zodat hij kon rusten voordat hij probeerde uit te vinden hoe hij zelf terug naar huis kon komen . Terwijl ze langs de **kustlijn** wandelden onder de sterrenhemel , voelden zowel Sarah als Finnegan zich dankbaar voor hun toevallige ontmoeting - want zonder dat , wie weet wat **er** van die arme Finnegan **geworden** zou zijn ?

De volgende dag werd Finnegan wakker en probeerde uit te zoeken hoe hij terug naar huis kon komen. Hij wist dat het niet gemakkelijk zou zijn , maar hij moest het proberen . Hij liep naar de **kustlijn** en keek uit over het water . Het was zo uitgestrekt en diep, en hij had geen idee waar hij moest beginnen. Hij ging op de **grond zitten**, met zijn hoofd in zijn handen. Sarah kwam achter hem staan en legde haar hand op zijn schouder. Ze zei hem dat ze hem zou helpen **waar** ze kon, maar dat ze ook niet wist hoe te beginnen.

Ymmärtämisen kysymykset

1. Miltä mies näytti, kun hän nousi vedestä?

2. Millaiset olivat miehen vaatteet?

3. Mitä mies teki nähdessään naisen?

4. Mitä pubissa olevat ihmiset sanoivat miehestä?

5. Mitä mieltä Saara oli miehestä?

6. Mitä Finnegan teki herättyään seuraavana päivänä?

7. Miksi Finneganilla oli vaikeuksia?

8. Mitä Sarah sanoi Finneganille?

9. Mitä luulet, että Finneganille tapahtui?

10. Mitä Finneganille olisi tapahtunut, jos hän ei olisi tavannut Sarahia?

Begrip vragen

1. Hoe zag de man eruit toen hij voor het eerst uit het water kwam?

2. Hoe zagen de kleren van de man eruit?

3. Wat deed de man toen hij de vrouw zag?

4. Wat zeiden de mensen in de kroeg over de man?

5. Wat vond Sarah van de man?

6. Wat deed Finnegan toen hij de volgende dag wakker werd?

7. Waarom had Finnegan het moeilijk?

8. Wat zei Sarah tegen Finnegan?

9. Wat denk je dat er met Finnegan gebeurd is?

10. Wat zou er met Finnegan gebeurd zijn als hij Sarah niet ontmoet had?

Kahvi

Herätyskello soi, ja kävin laiskasti sammuttamassa sen. Murahdin istuessani ja tunsin, etten ollut nukkunut juuri lainkaan. Tästä tulisi **taas** pitkä päivä. Kuin tilauksesta vatsani murisi äänekkäästi ja muistutti minua siitä, etten ollut syönyt illallista edellisenä **iltana.** Aivan, minun on parasta syödä jotain ennen kahvia, tai muuten tästä tulee todella pitkä päivä. Kävelin keittiöön, puoliksi hereillä jo **tuoreen** kahvin tuoksusta, joka leijaili ilmassa. Kämppikseni oli varmaan taas herännyt aikaisin tänään. Hän oli aina niin ärsyttävän pirteä aamulla, kun taas minä pystyin tuskin toimimaan ilman, että kofeiini pumppasi ensin suonissani. Nappasin **kaapista** mukin ja täytin sen höyryävällä mustalla nesteellä ennen kuin otin ison kulauksen.

Ahhh, nyt on parempi. Aloin vihdoin tuntea itseni taas **ihmiseksi** nyt, kun kahvi virtasi elimistössäni. Aika kohdata päivä suoraan! Olin tuskin ehtinyt juoda ensimmäisen kupillisen kahvia, kun pomoni kutsui minut toimistoonsa kokoukseen. Ilmeisesti oli jokin iso **projekti,** joka piti tehdä, ja hän halusi minun johtavan sitä. Yritin keskittyä siihen, mitä hän sanoi, mutta ajattelin vain sitä, kuinka paljon lisää kahvia tarvitsisin, jotta selviäisin tästä päivästä. Kun kokous päättyi, olin jo unohtanut suurimman osan siitä, mitä hän sanoi, mutta

Koffie

De wekker zoemde, en ik reikte lui voorover om hem uit te zetten. Ik mopperde toen ik rechtop zat, met het gevoel dat ik nauwelijks geslapen had. Het zou **weer een** lange dag worden. Als op het juiste moment knorde mijn maag luid en herinnerde me eraan dat ik de **avond** ervoor nog niet gegeten had. Juist, ik kan maar beter wat eten voor de koffie, anders wordt dit echt een lange dag. Ik schuifelde de keuken in, half wakker al van de geur van vers **gezette** koffie die door de lucht zweefde. Mijn kamergenote moet vandaag weer vroeg opgestaan zijn. Ze was 's ochtends altijd zo irritant vrolijk, terwijl ik nauwelijks kon functioneren zonder dat er eerst cafeïne door mijn aderen pompte. Ik pakte een mok uit de **kast** en vulde die met de dampende zwarte vloeistof voordat ik een grote slok nam.

Ahhh, dat is beter. Ik begon me eindelijk weer **mens te** voelen nu de koffie door mijn systeem gierde. Tijd om de dag in alle rust te beginnen! Ik was nog maar net door mijn eerste kop koffie heen toen mijn baas me naar zijn kantoor riep voor een vergadering. Blijkbaar was er een groot **project** dat gedaan moest worden, en hij wilde dat ik het zou leiden. Ik probeerde me te concentreren op wat hij zei, maar het enige waar ik aan kon denken was hoeveel koffie ik nog nodig had

onneksi onnistuin **raapustamaan** muistiin muutamia keskeisiä kohtia. Se kuulosti siltä, että siitä tulisi paljon työtä, mutta **toivottavasti** se olisi lopulta sen arvoista.

Oli miten oli, nyt ei ollut perääntymistä, joten voisin yhtä hyvin aloittaa! Seuraavat viikot olivat kuin sumua, kun työskentelin väsymättä projektin parissa. Jokainen aamu alkoi uudella **mukillisella** kahvia, ja jokainen ilta päättyi siihen, että kaaduin uupuneena sänkyyn. Mutta lopulta, ikuisuudelta tuntuneen ajan jälkeen, kaikki loksahti **kohdalleen,** ja saimme esitellä valmiin tuotteen pomollemme. Hän vaikutti tyytyväiseltä ja antoi minulle jopa **bonuksen,** mikä auttoi lievittämään niiden pitkien työtuntien tuskaa, jotka vietin taukoamatta. Ainakin nyt minulla on varaa ostaa itselleni ylimääräinen pussi kahvipapuja!

om deze dag door te komen. Tegen de tijd dat de vergadering afgelopen was, was ik het meeste van wat hij zei alweer vergeten, maar gelukkig kon ik nog wel een paar belangrijke punten opschrijven. Het klonk alsof het veel werk zou worden, maar **hopelijk** zou het uiteindelijk de moeite waard zijn.

Hoe dan ook, er was nu geen weg meer terug, dus ik kon net zo goed beginnen! De volgende weken waren een waas, terwijl ik onvermoeibaar aan het project werkte. Elke ochtend begon met een nieuwe **mok** koffie, en elke avond eindigde ik met uitgeput in bed te ploffen. Maar uiteindelijk, na wat voelde als een eeuwigheid, kwam alles **voor elkaar** en konden we het eindproduct aan onze baas presenteren. Hij leek er blij mee en gaf me zelfs een **bonus**, wat de pijn van die lange uren non-stop werken verzachtte. Nu kan ik me tenminste een extra **grote** zak koffiebonen veroorloven!

Ymmärtämisen kysymykset

1. Mitä päähenkilö tekee herättyään?

2. Miltä päähenkilöstä tuntuu tuleva päivä?

3. Mitä päähenkilön vatsa muistuttaa häntä?

4. Mitä päähenkilö ajattelee kämppiksestään?

5. Miltä päähenkilöstä tuntuu ensimmäisen kahvikupillisen jälkeen?

6. Mitä päähenkilön pomo kertoo heille kokouksessa?

7. Millainen on päähenkilön tunne projektista viikon lopussa?

8. Miten päähenkilö reagoi pomonsa reaktioon valmiiseen projektiin?

9. Millainen on päähenkilön suhtautuminen kahviin nyt?

10. Mitä päähenkilö aikoo tehdä bonuksellaan?

Begrip vragen

1. Wat doet de hoofdpersoon als hij wakker wordt?

2. Hoe voelt de hoofdpersoon zich over de komende dag?

3. Waar doet de maag van de hoofdpersoon aan denken?

4. Wat vindt de hoofdpersoon van zijn kamergenoot?

5. Hoe voelt de hoofdpersoon zich na zijn eerste kop koffie?

6. Wat vertelt de baas van de hoofdpersoon hen tijdens de vergadering?

7. Hoe denkt de hoofdpersoon over het project tegen het einde van de week?

8. Hoe reageert de hoofdpersoon op de reactie van zijn baas op het voltooide project?

9. Hoe denkt de hoofdpersoon nu over koffie?

10. Wat is de hoofdpersoon van plan te doen met hun bonus?

Sámis

Saamelaiset ovat **vaeltava** kansa, joka on asunut Euroopan arktisilla alueilla vuosisatojen ajan. Heidät tunnetaan ainutlaatuisesta kulttuuristaan ja perinteistään, joihin kuuluvat poronhoito ja shamanismi. Eräänä kylmänä talvipäivänä joukko **saamelaislapsia** leikki leirinsä lähellä, kun he näkivät kaukana jotain outoa. Se oli suuri valkoinen olento, jolla oli sarvet! Lapset eivät olleet koskaan ennen nähneet **mitään** vastaavaa. He juoksivat kertomaan vanhemmilleen, mitä olivat nähneet. Pian koko leiri oli innoissaan. Jotkut sanoivat, että se oli henkieläin, joka tuli käymään heidän luonaan; toiset sanoivat, että se oli vain **peura,** joka oli eksynyt lumimyrskyssä.

Riippumatta siitä, mitä muut ajattelivat, **kaikki** olivat yhtä mieltä siitä, että se oli uskomaton näky! Päivien kuluessa yhä useammat leiriläiset alkoivat nähdä valkoista olentoa. Se näytti seuraavan heitä kaikkialle, minne he menivätkin. Jotkut **vanhimmista** sanoivat, että se oli merkki hengiltä ja että sitä pitäisi kohdella kunnioittavasti. Lapset rakastivat leikkiä sen kanssa ja yrittivät usein ratsastaa sen **selässä**. Mutta vaikka he kuinka yrittivät, he eivät koskaan saaneet sitä kiinni! Olento oli aina aivan ulottumattomissa. Eräänä päivänä, erityisen voimakkaan lumisateen jälkeen,

De Sámis

De Sámis zijn een **nomadisch** volk dat al eeuwenlang in de Arctische gebieden van Europa woont. Zij staan bekend om hun unieke cultuur en tradities, waaronder rendier hoeden en sjamanisme. Op een koude winterdag was een groep Sámi **kinderen aan** het spelen in de buurt van hun kamp toen ze iets vreemds zagen in de verte. Het was een groot wit wezen met een gewei! De kinderen hadden nog nooit **zoiets** gezien. Ze renden naar hun ouders om te vertellen wat ze hadden gezien. Al snel gonsde het hele kamp van opwinding. Sommigen zeiden dat het een geestenbeest was dat hen kwam bezoeken; anderen zeiden dat het gewoon een **hert was** dat verdwaald was in de sneeuwstorm.

Wat iedereen er ook van dacht, **iedereen** was het erover eens dat het een prachtig gezicht was om te zien! Naarmate de dagen verstreken, begonnen steeds meer mensen in het kamp het witte wezen te zien. Het leek hen te volgen waar ze ook gingen. Sommige van de **ouderen** zeiden dat het een teken van de geesten was, en dat ze het met respect moesten behandelen. De kinderen speelden er graag mee, en probeerden vaak op zijn **rug te** rijden. Maar hoe hard ze ook probeerden, ze konden hem nooit vangen! Het schepsel was altijd net buiten bereik. Op een dag, na een bijzonder zware

valkoinen olento katosi **kokonaan**. Kaikki leiriläiset etsivät sitä kaikkialta, mutta sen olinpaikasta ei löytynyt jälkeäkään. Kaikki olettivat, että se oli vihdoin palannut henkimaailmaan, josta se oli tullutkin.

Muutamaa viikkoa myöhemmin yksi lapsista löysi jotain **outoa** yhdestä porokarsinasta. Karsinaan johti suuria jalanjälkiä, mutta ei yhtään jälkeä, jotka olisivat johtaneet ulos! Voisiko tämä olla todiste siitä, että “valkoinen olento” oli itse asiassa ollut poro koko ajan? Tai kenties jotain vielä oudompaa...? Saamelaiset jatkoivat elämäänsä arktisella alueella, ja vaikka he eivät enää koskaan nähneet valkoista olentoa, se **säilyi** heidän sydämissään ja mielissään. Aina silloin tällöin joku väitti nähneensä sen uudelleen, mutta kukaan ei voinut koskaan olla varma. Olennosta oli ikään kuin **tullut** osa heidän tarinaansa, tarinaa, jota kerrottaisiin **leirinuotion** ääressä tulevien sukupolvien ajan.

sneeuwval, verdween het witte schepsel **helemaal**. Iedereen in het kamp zocht hoog en laag, maar er was geen spoor van waar het gebleven was. Ze namen allemaal aan dat het eindelijk was teruggekeerd naar de geestenwereld waar het vandaan kwam.

Een paar weken later vond een van de kinderen iets **vreemds** in een van hun rendierhokken. Er waren grote voetafdrukken die het hok in leidden, maar geen die er weer uit leidden! Zou dit het bewijs kunnen zijn dat het "witte wezen" eigenlijk al die tijd een rendier was geweest? Of misschien iets nog vreemder...? De Sapmis gingen verder met hun leven op de Noordpool, en hoewel ze het witte wezen nooit meer zagen, **bleef** het in hun hart en gedachten. Nu en dan beweerde iemand het weer gezien te hebben, maar niemand kon het zeker weten. Het was alsof het wezen een deel van hun legende was **geworden**, een verhaal dat nog generaties lang rond het **kampvuur zou** worden verteld.

Ymmärtämisen kysymykset

1. Mitä ovat saamelaiset?

2. Mitä saamelaiset tekevät?

3. Mitä lapset näkivät?

4. Mitä vanhemmat ajattelivat?

5. Mitä vanhimmat sanoivat?

6. Mitä lapset yrittivät tehdä?

7. Mitä olennolle tapahtui?

8. Mitä yksi lapsista löysi?

9. Mikä oli olento?

10. Mitä tapahtui legendalle?

Begrip vragen

1. Wat zijn de Sámis?

2. Wat doen de Sámis?

3. Wat hebben de kinderen gezien?

4. Wat vonden de ouders ervan?

5. Wat zeiden de oudsten?

6. Wat probeerden de kinderen te doen?

7. Wat gebeurde er met het schepsel?

8. Wat heeft een van de kinderen gevonden?

9. Wat was het schepsel?

10. Wat is er met de legende gebeurd?

Poro

Porot olivat kaikki rivissä odottamassa, että joulupukki **valitsisi**, mikä niistä vetäisi rekeä jouluaattona. Kaikki ne halusivat tulla valituksi, mutta vain yksi saattoi olla onnekas voittaja. Lopulta joulupukki tuli ulos ja katsoi kaikkia innokkaita poroja. Hän käveli jonoa pitkin ja tutki jokaisen **huolellisesti**. Porot pidättivät hengitystään toivoen, että heidät valittaisiin. Kun Joulupukki pääsi jonon päähän, hän ei ollut vieläkään tehnyt **päätöstä**. Hän raapi partaansa mietteliäästi ja ilmoitti sitten tarvitsevansa aikaa miettiä asiaa. Pettyneet porot laskivat päätään katsellessaan joulupukin kävelevän pois. Myöhemmin samana iltana Joulupukki palasi ja kertoi heille, että hän oli tehnyt päätöksensä. **Onnekas** poro, joka saisi vetää hänen rekeään, oli... Rudolph!

Kaikki hurrasivat, kun he kuulivat Rudolfin nimen ja **onnittelivat** häntä siitä, että hänet oli valittu näin tärkeään tehtävään. Nyt kun Rudolph oli valittu, muut porot alkoivat olla hieman kateellisia. Ne alkoivat kiusata häntä ja kutsua häntä nimillä kuten "Punanokka" ja "friikki". Rudolph yritti olla välittämättä niistä, mutta se oli vaikeaa. Eräänä päivänä se kuuli, kun jotkut porot puhuivat siitä, miten ne aikoivat tehdä joulupukille tempun. Ne aikoivat piilottaa reen niin, ettei hän löytäisi sitä jouluaattona! Rudolph oli **kauhuissaan**. Hän tiesi, että hänen oli jotenkin varoitettava joulupukkia.

Rendier

De rendieren stonden allemaal in de rij, wachtend tot de kerstman zou **kiezen** wie zijn slee zou trekken op kerstavond. Ze wilden allemaal gekozen worden, maar er kon er maar één de gelukkige winnaar zijn. Eindelijk kwam de Kerstman naar buiten en keek naar alle gretige rendieren. Hij liep langs de rij en bekeek ze allemaal **zorgvuldig**. De rendieren hielden hun adem in, hopend dat zij zouden worden uitgekozen. Toen hij aan het eind van de rij kwam, had de kerstman nog steeds geen **beslissing** genomen. Hij krabde peinzend aan zijn baard en kondigde toen aan dat hij nog wat tijd nodig had om erover na te denken. De teleurgestelde rendieren keken met hangende pootjes toe hoe de kerstman wegliep. Later die avond kwam de kerstman terug en vertelde hen dat hij zijn besluit had genomen. Het **gelukkige rendier** dat zijn slee zou mogen trekken was... Rudolph!

Iedereen juichte toen ze Rudolphs naam hoorden roepen en **feliciteerde** hem met zijn uitverkiezing voor zo'n belangrijke baan. Nu Rudolph was uitgekozen, werden de andere rendieren een beetje jaloers. Ze begonnen hem te plagen en noemden hem namen als "Roodneus" en "Freak". Rudolph probeerde ze te negeren, maar dat was moeilijk. Op een dag hoorde hij een paar rendieren praten over hoe ze de Kerstman in de maling zouden nemen. Ze zouden

Mutta miten hän voisi tehdä sen jäämättä kiinni? Se ei halunnut muiden porojen tietävän, että se vakoili niitä. Rudolph mietti ja mietti, kunnes lopulta hän keksi **suunnitelman**.

Rudolph odotti, kunnes muut porot olivat nukkumassa, ja hiipi sitten ulos tallista. Hän tiesi, minne joulupukin reki oli **piilotettu,** ja hän aikoi viedä sen takaisin työpajaan. Mutta ensin hänen oli löydettävä Joulupukki. Hän etsi ympäri **kylää,** mutta hänestä ei ollut merkkiäkään missään. Juuri kun Rudolph oli luovuttamassa, hän kuuli eräästä talosta heikon äänen. Se kuulosti siltä kuin joku **itkisi**. Kävi ilmi, että Joulupukki oli sairastunut ja oli kuumeisena vuodepotilaana. Rouva Joulupukki hoiti häntä, mutta hän näytti uupuneelta. Rudolph tunsi sääliä hänen puolestaan ja päätti auttaa **sen sijaan** jakamaan lahjoja jouluaattona.

zijn slee verstoppen, zodat hij hem niet kon vinden op kerstavond! Rudolph was **ontzet**. Hij wist dat hij de Kerstman op een of andere manier moest waarschuwen. Maar hoe kon hij dat doen zonder gepakt te worden? Hij wilde niet dat de andere rendieren wisten dat hij hen bespioneerde. Rudolph dacht en dacht tot hij eindelijk een **plan bedacht**.

Rudolph wachtte tot de andere rendieren sliepen, en sloop toen de stal uit. Hij wist waar ze de slee van de kerstman hadden **verstopt**, en hij zou die terug naar de werkplaats brengen. Maar eerst moest hij de kerstman vinden. Hij doorzocht het hele **dorp**, maar er was nergens een teken van hem te vinden. Net toen Rudolph het op wilde geven, hoorde hij een zacht geluid uit een van de huizen komen. Het klonk alsof iemand **huilde**. Het bleek dat de Kerstman ziek was geworden en met koorts in bed lag. Mevrouw Claus zorgde voor hem, maar ze zag er uitgeput uit. Rudolph vond het erg voor haar en besloot dat hij **in plaats daarvan zou** helpen met het bezorgen van cadeautjes op kerstavond.

Ymmärtämisen kysymykset

1. Missä porot odottivat joulupukkia?

2. Miksi porot olivat kateellisia Rudolfille?

3. Mitä muut porot aikoivat tehdä joulupukille?

4. Miten Rudolph sai selville, missä Joulupukki oli?

5. Miksi Rudolph päätti auttaa lahjojen jakamisessa jouluaattona?

6. Miten muut porot reagoivat, kun he saivat tietää, että Rudolf aikoi auttaa joulupukkia?

7. Mitä rouva Joulupukki ajatteli Rudolfin päätöksestä?

8. Miltä Rudolphista tuntui, kun hän pystyi auttamaan joulupukkia?

9. Mitä luulet, että olisi tapahtunut, jos Rudolf ei olisi löytänyt joulupukkia?

10. Luuletko, että Rudolph nautti siitä, että hän auttoi lahjojen jakamisessa jouluaattona? Miksi vai miksi ei?

Begrip vragen

1. Waar wachtten de rendieren op de Kerstman?

2. Waarom waren de rendieren jaloers op Rudolph?

3. Wat waren de andere rendieren van plan om Santa aan te doen?

4. Hoe kwam Rudolph erachter waar de Kerstman was?

5. Waarom besloot Rudolph te helpen met het bezorgen van cadeautjes op kerstavond?

6. Hoe reageerden de andere rendieren toen ze ontdekten dat Rudolph de Kerstman ging helpen?

7. Wat vond mevrouw Claus van Rudolphs beslissing?

8. Hoe vond Rudolph het om de Kerstman te kunnen helpen?

9. Wat denk je dat er gebeurd zou zijn als Rudolph de Kerstman niet had kunnen vinden?

10. Denk je dat Rudolph het leuk vond om cadeautjes te helpen bezorgen op kerstavond? Waarom wel of waarom niet?

Midnight Sun Film Festival

Midnight Sun -elokuvafestivaali on **vuosittainen** tapahtuma, joka järjestetään Sodankylässä. Festivaali järjestetään kesäpäivänseisauksen aikaan, jolloin aurinko ei koskaan laske ja yö pysyy valoisana. Viikon ajan elokuvan ystävät kaikkialta maailmasta saapuvat katsomaan eri genrejä edustavia elokuvia, joita esitetään ympäri kaupunkia pystytetyillä **valkokankailla.** Tänä vuonna päätin tehdä matkan Sodankylään nähdäkseni, mistä kaikesta hälinästä on kyse. En ollut varma, mitä odottaa, mutta odotin innolla vaihtelua tavallisiin **elokuvafestivaaleihin** verrattuna. Heti kun saavuin kaupunkiin, oli selvää, että tästä tulisi erilainen kokemus. Punaisia mattoja tai loistokkaita juhlia ei ollut, vaan ihmiset kulkivat rennosti t-paidoissa ja farkuissa nauttien **lämpimästä** iltailmasta. Pääsin erääseen esityspaikoista ja löysin itselleni istumapaikan läheltä etuosaa.

Tunnelma oli **rento** ja ystävällinen, ja ihmiset juttelivat ystävällisesti ennen esityksen alkua. Kun aurinko alkoi laskea, elokuvat alkoivat pyöriä yksi toisensa jälkeen. Katsoin sekoituksen uutuuselokuvia ja klassikoita, ja kaikkien elokuvien katsominen keskiyön auringon alla

Middernachtzon Filmfestival

Het Midnight Sun Film Festival is een **jaarlijks** evenement dat plaatsvindt in de stad Sodankylä, Finland. Het festival wordt gehouden tijdens de zomerzonnewende, wanneer de zon nooit ondergaat en de nacht licht blijft. Een week lang komen filmliefhebbers van over de hele wereld naar het festival om films uit verschillende genres te bekijken op **schermen** die in de stad zijn opgesteld. Dit jaar besloot ik naar Sodankylä te gaan om te zien waar al die ophef over ging. Ik wist niet goed wat ik kon verwachten, maar ik was blij dat het eens wat anders zou zijn dan mijn gebruikelijke **filmfestivals**. Zodra ik in de stad aankwam, was het duidelijk dat dit een ander soort ervaring zou worden. Er waren geen rode lopers of glamoureuze feestjes; in plaats daarvan liepen er mensen rond in t-shirts en jeans, genietend van de **warme** avondlucht. Ik begaf me naar een van de filmzalen en vond een plaatsje vooraan.

De sfeer was **ontspannen** en vriendelijk, met mensen die gezellig kletsten voor de voorstelling. Toen de zon begon onder te gaan, begonnen de films de een na de ander te draaien. Ik keek naar een mix van nieuwe releases en klassiekers, allemaal versterkt door de

oli ainutlaatuinen **kokemus.** Oli jotain maagista olla pimeyden ympäröimänä ja silti nähdä selvästi; se sai kaiken tuntumaan intensiivisemmältä. Viikko kului elokuvien ja myöhäisillan **keskustelujen** lomassa. Sain uusia ystäviä ja sain unohtumattomia kokemuksia samalla kun nautin parhaista elokuvista, joita olen koskaan nähnyt. Kun nousin lentokoneeseen ja lähdin kotiin, tiesin jo, että palaan ensi vuonna hakemaan **uuden** annoksen Midnight Sunin taikaa.

Vuotta myöhemmin palasin Sodankylään Midnight Sun -elokuvafestivaalin toiselle kierrokselle. Tällä kertaa olin valmistautunut kokemukseen paremmin ja tiesin, mitä odottaa. Jälleen kerran löysin **itseni** uppoutumasta elokuvien ja **ystävyyden** maailmaan, valvoen myöhään yöhön asti katsomassa elokuvia ja keskustelemassa niistä uusien ystävien kanssa. Midnight Sun -elokuvafestivaaleista on tullut yksi suosikkitapahtumistani vuosittain. Se on ainutlaatuinen tilaisuus nähdä hienoja elokuvia unohtumattomassa ympäristössä, jossa on ihmisiä, jotka **rakastavat** elokuvia yhtä paljon kuin minä. Jos et ole vielä kokenut sitä itse, suosittelen lämpimästi tekemään matkan Sodankylään ainakin kerran; et tule katumaan!

unieke **ervaring** om ze onder de middernachtzon te bekijken. Er was iets magisch aan omringd te zijn door duisternis terwijl je nog steeds helder kon zien; het maakte alles intenser. De week vloog voorbij in een waas van films en nachtelijke **gesprekken**. Ik heb nieuwe vrienden gemaakt en onvergetelijke ervaringen opgedaan, terwijl ik genoot van de beste films die ik ooit heb gezien. Toen ik op het vliegtuig stapte om naar huis te gaan, wist ik al dat ik volgend jaar terug zou komen voor **nog een** dosis magie van Midnight Sun.

Een jaar later keerde ik terug naar Sodankylä voor een nieuwe ronde van het Midnight Sun Film Festival. Deze keer was ik beter voorbereid op de ervaring en wist ik wat ik kon verwachten. Opnieuw werd **ik ondergedompeld** in een wereld van film en **vriendschap**, en bleef ik tot diep in de nacht op om films te bekijken en erover te praten met nieuwe vrienden. Het Midnight Sun Film Festival is een van mijn favoriete jaarlijkse evenementen geworden. Het is een unieke kans om geweldige films te zien in een onvergetelijke omgeving, omringd door mensen die net zoveel **van** films **houden** als ik. Als je het zelf nog niet hebt meegemaakt, raad ik je ten zeerste aan om ten minste één keer naar Sodankylä te gaan; je zult er geen spijt van krijgen!

Ymmärtämisen kysymykset

1. Mikä on Midnight Sun -elokuvafestivaali?

2. Milloin Midnight Sun Film Festival järjestetään?

3. Missä Midnight Sun Film Festival järjestetään?

4. Millainen sää on Midnight Sun Film Festivalin aikana?

5. Millaisia vaatteita ihmiset käyttävät Midnight Sun -elokuvafestivaaleilla?

6. Millainen ilmapiiri Midnight Sun -elokuvafestivaaleilla vallitsee?

7. Millaisia elokuvia Midnight Sun -elokuvafestivaaleilla esitetään?

8. Miten elokuvien katsominen keskiyön auringon alla parantaa kokemusta?

9. Mitä mieltä kirjailija on Midnight Sun -elokuvafestivaalista?

10. Suosittelisiko kirjoittaja Midnight Sun -elokuvafestivaalia muille?

Begrip vragen

1. Wat is het Midnight Sun Film Festival?

2. Wanneer wordt het Midnight Sun Film Festival gehouden?

3. Waar wordt het Midnight Sun Film Festival gehouden?

4. Hoe is het weer tijdens het Midnight Sun Film Festival?

5. Wat voor kleding dragen mensen naar het Midnight Sun Film Festival?

6. Hoe is de sfeer op het Midnight Sun Film Festival?

7. Wat voor soort films worden er vertoond op het Midnight Sun Film Festival?

8. Hoe kan het kijken naar films onder de middernachtzon de ervaring verbeteren?

9. Wat vindt de auteur van het Midnight Sun Film Festival?

10. Zou de auteur het Midnight Sun Film Festival aan anderen aanbevelen?

Ahvenanmaan saaristo

Ahvenanmaan saaristo on Itämerellä sijaitseva saariryhmä. Saaristossa elää monenlaista **luontoa**, kuten hylkeitä, delfiinejä ja valaita. Myös ihmiset ovat asuttaneet saaria vuosisatojen ajan, ja kulttuuri on rikas perinteineen. Yksi Ahvenanmaan saaristolle ominainen perinne on lahjojen antaminen juhannusaattona. Tänä yönä sanotaan, että keijut tulevat ulos tanssimaan ja leikkimään metsiin ja niityille. Jos jätät niille lahjan, ne siunaavat sinua hyvällä onnella. Juhannusaatto osuu joka vuosi 21. kesäkuuta, joten saarelaiset jättävät joka vuosi tänä päivänä pieniä lahjoja, kuten kukkia tai makeisia, eri puolille **kotejaan**. Jotkut ihmiset jättivät jopa pieniä veneitä täynnä ruokaa **uhriksi** näille taikaolennoille.

Lapsena menimme usein yöllä metsään etsimään merkkejä keijujen toiminnasta. Etsimme jalanjälkiä tai kimaltelevia pölypolkuja, jotka johtivat piilotettuihin aukeisiin, joilla arvelimme keijujen tanssivan. Emme tietenkään koskaan nähneet **oikeita** keijuja, mutta se oli silti hauskaa! Eräänä juhannusaattona, kun olin noin 10-vuotias, päätimme ystävieni kanssa jättää keijuille **erityisen** lahjan. Olimme kuulleet, että ne pitävät makeisista, joten teimme sokerikeksejä

Åland Archipel

De Åland-archipel is een eilandengroep in de Oostzee. De archipel herbergt een grote verscheidenheid aan **wilde dieren**, waaronder zeehonden, dolfijnen en walvissen. De eilanden worden ook al eeuwenlang bewoond door mensen, en de cultuur is rijk aan tradities. Een traditie die met name uniek is voor de Åland-archipel, is **het** geven van geschenken op midzomeravond. Op deze avond komen de feeën naar buiten om in de bossen en weiden te dansen en te spelen. Als je een geschenk voor hen achterlaat, zullen zij je zegenen met geluk. Midzomeravond valt elk jaar op 21 juni, en dus lieten de eilandbewoners elk jaar op deze datum kleine cadeautjes zoals bloemen of snoepjes achter op verschillende plaatsen rond hun **huizen**. Sommige mensen lieten zelfs bootjes vol voedsel achter als **offer** aan deze magische wezens.

Als kind gingen we vaak 's nachts het bos in op zoek naar tekenen van feeënactiviteit. We zochten naar voetafdrukken of glinsterende stofsporen die naar verborgen plekjes leidden waar we dachten dat ze misschien dansten. Natuurlijk zagen we nooit **echte** feeën, maar het was nog steeds erg leuk! Op een midzomeravond, toen ik ongeveer 10 jaar oud

kukkien ja sydämien muotoon. Sitten käärimme ne kauniiseen kankaaseen ja jätimme ne metsäaukean reunalle. Odottelimme hiljaa jonkin aikaa, mutta mitään merkkejä toiminnasta ei näkynyt. Juuri kun olimme valmistautumassa **lähtöön**, kuulimme pusikosta **kahinaa.**

Jähmettyimme paikallemme tietämättä, mitä tehdä. Yhtäkkiä aluskasvillisuudesta ilmestyi kaksi pientä **olentoa,** joilla oli siivet! Ne olivat juuri sellaisia kuin kuvittelimme keijujen näyttävän! Keijut lensivät sinne, missä lahjamme **odottivat,** ja alkoivat avata niitä innokkaasti. Ne näyttivät ilahtuvan lahjastamme ja siunasivat meidät hyvällä onnella ennen kuin lensivät yhdessä yötaivaalle. Se oli **unohtumaton** kokemus, jota tulen aina vaalimaan. Tuon taianomaisen yön jälkeen olen joka vuosi jatkanut perinnettä jättää keijuille lahjoja. Siitä on tullut erityinen osa juhannusjuhlaani. Tiedän, että he arvostavat sitä, ja minusta tuntuu hyvältä, kun voin tehdä heille jotain mukavaa. Jos olet joskus juhannusaattona Ahvenanmaan saaristossa, pidä silmäsi auki näiden vaikeasti tavoitettavien olentojen varalta. Ja kuka tietää, ehkä sinullakin on onnea ja saat **siunauksen** niiltä!

was, besloten mijn vrienden en ik om een **speciaal** cadeau voor de feeën achter te laten. We hadden gehoord dat ze van zoetigheid hielden, dus maakten we suikerkoekjes in de vorm van bloemen en hartjes. We wikkelden ze in een mooie doek en lieten ze achter aan de rand van een open plek in het bos. We wachtten rustig een tijdje, maar er was geen teken van enige activiteit. Net toen we ons klaar maakten om **te vertrekken**, hoorden we een ritselend **geluid** vanuit de bosjes.

We bevroren op onze plaats, niet wetend wat te doen. Plotseling kwamen er uit het kreupelhout twee kleine **wezens** met vleugels! Ze zagen er precies zo uit als wij ons elfjes hadden voorgesteld! De feeën vlogen naar de plek waar onze geschenken lagen **te wachten** en begonnen ze gretig uit te pakken. Ze leken verrukt over ons offer en zegenden ons met veel geluk voordat ze samen de nachtelijke hemel in vlogen. Het was een **onvergetelijke** ervaring die ik altijd zal koesteren. Sinds die magische nacht heb ik elk jaar de traditie voortgezet om cadeautjes voor de feeën achter te laten. Het is een speciaal deel van mijn midzomeravond vieringen geworden. Ik weet dat ze het waarderen en het geeft me een goed gevoel om iets leuks voor ze te kunnen doen. Als je ooit op midzomeravond op de Åland-archipel bent, houd dan je ogen open voor deze ongrijpbare wezentjes. En wie weet, misschien heb jij wel het geluk om ook een **zegen** van ze te ontvangen!

Ymmärtämisen kysymykset

1. Mikä on Ahvenanmaan saaristo?

2. Millaista villieläimistöä saarilla on?

3. Kuinka kauan ihmiset ovat asuttaneet Ahvenanmaan saaristoa?

4. Mikä on perinne antaa lahjoja juhannusaattona?

5. Miltä keijut näyttävät?

6. Mikä on juhannuksen merkitys?

7. Millaisia lahjoja ihmiset jättävät keijuille?

8. Mitä kirjailija ja hänen ystävänsä tekivät juhannusaattona?

9. Mitä tapahtui, kun kirjailija ja hänen ystävänsä jättivät lahjan keijuille?

10. Arvostavatko keijut heille jätettyjä lahjoja?

Begrip vragen

1. Wat is de Åland-archipel?

2. Wat voor soort wilde dieren zijn er op de eilanden te vinden?

3. Hoe lang bewonen de mensen de Åland-archipel al?

4. Wat is de traditie van het geven van geschenken op midzomeravond?

5. Hoe zien de elfjes eruit?

6. Wat is de betekenis van midzomeravond?

7. Wat voor geschenken laten de mensen achter voor de feeën?

8. Wat deden de schrijfster en haar vrienden op midzomeravond?

9. Wat gebeurde er toen de schrijfster en haar vrienden een geschenk achterlieten voor de feeën?

10. Stellen de feeën de geschenken op prijs die voor hen worden achtergelaten?

Rannalla

Auringonnousun jälkeen aallot ovat kovempia ja hiekka vuoroveden yläpuolella on valkoista. Kävelen rannalle ja **ihailen** merta ja aurinkoa. Varpaani tuntevat simpukankuorien urat. Hiekka on kylmää varpaillani. Hymyilen ja jatkan matkaa. Vuorovesi on korkealla, joten minun on oltava varovainen, ettei minua vedetä sisään. Kävelen vesirajaa pitkin ja ihailen merta. Auringonnousu on **kaunis, ja** aallot pauhaavat. Minusta tuntuu niin rauhalliselta. Tulen paikkaan, jossa on kalliopaljastuma. Istun alas ja katselen aaltoja. Vesi on niin sinistä ja taivas on niin **oranssi**. Minusta tuntuu kuin olisin unessa. Suljen silmäni ja kuuntelen vain aaltoja. Istuin siinä pitkään, kunnes kuulin jonkun huutavan nimeäni.

Avaan silmäni ja näen äitini kävelevän minua kohti. Hänellä on huolestunut ilme kasvoillaan. Hymyilen ja vilkutan, ja hän **rentoutuu**. “Ihmettelinkin, minne menit”, hän sanoo. “Olen iloinen, että nautit rannasta.” Vastaan: “Niin nautin.” “Täällä on niin kaunista.” “Tiedän”, hän sanoo. “Kävin täällä aina, kun olin sinun ikäisesi.” “Niinkö?” Kysyn. “Joo”, hän vastaa. “Se on erityinen paikka.” “Tapasitko täällä koskaan ketään erityistä?” Kysyn. “Olen”, hän vastaa hymyillen. “Isäsi.” “Niinkö?” Sanon **yllättyneenä**. “Kyllä”, hän sanoo. “Meillä oli

Op het strand

Na zonsopgang zijn de golven luider en het zand boven de vloed is wit. Ik loop naar het strand en **bewonder** de zee en de zon. Mijn tenen voelen de groeven van schelpen. Het zand is koud aan mijn tenen. Ik glimlach en loop door. Het is vloed, dus ik moet oppassen dat ik er niet in word getrokken. Ik loop langs de waterkant en bewonder de zee. De zonsopgang is **prachtig**, en de golven beuken. Ik voel me zo vredig. Ik kom op een plek waar een rots uitsteekt. Ik ga zitten en kijk naar de golven. Het water is zo blauw en de lucht is zo **oranje**. Ik voel me alsof ik in een droom ben. Ik sluit mijn ogen en luister alleen maar naar de golven. Ik zat daar een hele tijd, tot ik iemand mijn naam hoorde roepen.

Ik open mijn ogen en zie mijn moeder naar me toe lopen. Ze heeft een bezorgde blik op haar gezicht. Ik glimlach en zwaai, en ze **ontspant zich**. "Ik vroeg me al af waar je was," zegt ze. "Ik ben blij dat je van het strand geniet." Ik antwoord: "Dat doe ik." "Het is hier zo mooi." "Ik weet het," zegt ze. "Ik kwam hier altijd toen ik zo oud was als jij." "Echt waar?" Vraag ik. "Ja," antwoordt ze. "Het is een speciale plek." "Heb je hier ooit een speciaal iemand ontmoet?" Vraag ik. "Ik wel," antwoordt ze met een glimlach. "Je vader." "Echt waar?" Zeg ik, **verbaasd**. "Ja," zegt ze. "We kwamen hier altijd

tapana tulla tänne koko ajan yhdessä. Rakastuimme täällä. " Hymyilen ja **kuvittelen** vanhempieni rakastuvan tällä kauniilla rannalla. "Se on erityinen paikka", hän toistaa. "Olen iloinen, että tulit tänne tänään."

Istumme siinä vielä hetken aikaa ja **katselemme** aaltoja ja auringonlaskua. Sitten nousemme ylös ja kävelemme takaisin rantapyyhkeillemme. Minä makaan ja katselen tähtiä. Tunnen itseni niin onnelliseksi ja tyytyväiseksi. Aallot ovat nyt kovempia, ja hiekka on kylmää. Aurinko laskee ja viileä tuuli puhaltaa. Aallot iskeytyvät rantaan, ja ilmassa on suolan tuoksu. On täydellinen ilta olla rannalla. Kävelen rantaa pitkin, **kuuntelen** aaltojen kohinaa ja katselen auringonlaskua. Näen ryhmän ihmisiä istumassa hiekalla, nauramassa ja vitsailemassa. He näyttävät pitävän hauskaa. Kävelen heidän luokseen ja kysyn, voinko liittyä heidän seuraansa. He suostuvat, ja vietämme loppuillan jutellen, nauraen ja **auringonlaskua** katsellen.
Se on täydellinen ilta. Juttelemme ryhmän kanssa auringonlaskuun asti. Jaamme tarinoita ja vitsejä, ja meillä kaikilla on hauskaa. Kun ilta alkaa laskea, meitä kaikkia alkaa väsyttää. Annamme toisillemme **jäähyväissuukon** ja eroamme toisistamme. Kävelen takaisin hotellille onnellisena ja tyytyväisenä. En voi uskoa, miten ihanaa täällä on. Olen niin onnekas, että olen saanut **kokea** sen.

samen. Het is waar we verliefd werden. “ Ik glimlach en **stel me voor hoe** mijn ouders verliefd werden op dit prachtige strand. “Het is een speciale plek,” herhaalt ze. “Ik ben blij dat je hier vandaag bent.”

We zitten daar nog een tijdje, **kijken naar** de golven en de zonsondergang. Dan staan we op en lopen terug naar onze strandhanddoeken. Ik ga liggen en kijk naar de sterren. Ik voel me zo gelukkig en tevreden. De golven zijn nu luider, en het zand is koud. De zon gaat onder en er waait een koel briesje. De golven beuken tegen de kust, en de geur van zout hangt in de lucht. Het is een perfecte avond om op het strand te zijn. Ik loop langs het strand, **luister** naar het geluid van de golven en kijk naar de zonsondergang. Ik zie een groep mensen op het zand zitten, lachend en grapjes makend. Ze zien eruit alsof ze het naar hun zin hebben. Ik loop naar ze toe en vraag of ik erbij mag komen zitten. Ze zeggen ja, en we brengen de rest van de avond door met praten, lachen en kijken naar de **zonsondergang**. Het is een perfecte avond. De groep en ik praten tot de zon ondergaat. We delen verhalen en grappen, en we hebben allemaal een geweldige tijd. Als de avond begint te vallen, beginnen we allemaal moe te worden. We kussen elkaar **vaarwel** en gaan uit elkaar. Ik loop terug naar mijn hotel en voel me gelukkig en tevreden. Ik kan niet geloven hoe mooi het hier is. Ik ben zo gelukkig dat ik het heb mogen **meemaken**.

Ymmärtämisen kysymykset

1. Minne kertoja menee herättyään?

2. Mitä kertoja ihailee kävellessään rannalla?

3. Mitä kertojan on varottava kävellessään rannalla?

4. Mihin kertoja istuu nauttimaan maisemista?

5. Kuinka kauan kertoja istuu siinä?

6. Kenet kertoja näkee avatessaan silmänsä uudelleen?

7. Mitä kertojan äiti sanoo?

8. Mistä kertoja ja hänen tapaamansa ihmiset puhuvat?

Begrip vragen

1. Waar gaat de vertelster heen nadat ze wakker is geworden?

2. Wat bewondert de vertelster als ze langs het strand loopt?

3. Waar moet de vertelster op letten als ze langs het strand loopt?

4. Waar gaat de verteller zitten om van het uitzicht te genieten?

5. Hoe lang blijft de verteller daar zitten?

6. Wie ziet de verteller als ze haar ogen weer opent?

7. Wat zegt de moeder van de verteller?

8. Waar praten de verteller en de mensen die ze ontmoet over?

Telttailu järvellä

Kävelen kohti järveä ja **ihailen** maiseman rauhallisuutta. Aurinko paistaa pienelle järvelle ja saa veden näyttämään kuin lasilevyltä. Ainoa liike on kalan satunnainen aaltoilu, kun kala **rikkoo** pinnan. Jopa linnut näyttävät pitävän taukoa helteestä, ja ilmaa täyttää vain kurjenmurujen ääni. **Yhtäkkiä** rauhan rikkoo kova roiskahdus. Suuri **kala** on hypännyt vedestä yrittäen napata sudenkorentoa. Kala ei osu kohteeseensa ja putoaa takaisin veteen roiskuen. "Vau", ajattelen itsekseni, "se oli iso kala!". Katsoin ympärilleni nähdäkseni, oliko kukaan muu nähnyt sitä, mutta paikalla ei ollut ketään. Minun on kai kerrottava heille, kun palaan leiriin.

Kuumuus on **painostava**, ja hengittäminen on vaikeaa. Ilma on paksua ja raskasta, kuin huopa, joka on kietoutunut ympärillesi. Ainoa helpotus on vesi. Se on viileää ja virkistävää, kuin kylmä juoma kuumana päivänä. Vedän syvään henkeä ja sukellan veteen. Helpotus on välitön, kun viileä vesi ympäröi minut. Uin pohjaan asti ja sitten takaisin pintaan, tunnen veden viilentävän kehoani. Jatkan **uintia** kierroksia nauttien hengähdystauosta kuumuudesta. Jonkin ajan kuluttua nousen vedestä ja asetun nurmikolle makaamaan, jotta

Kamperen aan het meer

Ik loop naar het meer en **bewonder** de vredigheid van het tafereel. De zon schijnt op het meertje, waardoor het water een glazen plaat lijkt. De enige beweging is af en toe een rimpeling van een vis **die** het wateroppervlak breekt. Zelfs de vogels lijken een pauze te nemen van de hitte, met alleen het geluid van cicaden die de lucht vullen. **Plotseling** wordt de rust verbroken door een luide plons. Een grote **vis** is uit het water gesprongen, in een poging een libel te vangen. De vis mist zijn doel en valt met een plons terug in het water. "Wow," denk ik bij mezelf, "dat was een grote vis!." Ik keek om me heen om te zien of iemand anders hem had gezien, maar er was niemand in de buurt. Ik denk dat ik het ze zal moeten vertellen als ik terug ben in het kamp.

De hitte is **drukkend**, waardoor het moeilijk is om te ademen. De lucht is dik en zwaar, als een deken om je heen gewikkeld. De enige verlichting is in het water. Het is koel en verfrissend, als een koud drankje op een warme dag. Ik haal diep adem en duik in het water. De opluchting is onmiddellijk als het koele water me omringt. Ik zwem naar de bodem en dan weer naar de oppervlakte, terwijl ik voel hoe het water mijn lichaam afkoelt. Ik blijf baantjes trekken en geniet van de

aurinko voisi kuivattaa kehoni. Suljen silmäni ja vaipun uneen, ja **kurjenmiekkojen** ääni tuudittaa minut syvään uneen. Annan auringon paahtaa veden pois iholtani. Tunnen ihoni punoittavan, mutta en välitä. Minulla on liian kuuma välittääkseni.Seuraavaksi huomaan, että aurinko laskee. Taivas on kauniin oranssi, ja siinä on vaaleanpunaisia ja violetteja raitoja. Kuumuus on kadonnut, ja tilalle on tullut viileä **tuulenvire**.

Nousen ylös ja puen vaatteeni takaisin päälleni tuntien itseni virkistyneeksi ja nuoreksi. **Hengitän** syvään viileää ilmaa ja hymyilen. Tuntuu hyvältä olla elossa. Kävelen takaisin leirintäalueelle ja ihailen, miten värit tanssivat taivaalla. Näen leirinuotion palavan kaukana, ja voin haistaa savun ilmassa. Hymyilen ja **nopeutan** vauhtiani. Olen valmis rentoutumaan ja nauttimaan loppuillasta. Kävelen leirintäalueelle ja näen, että kaikki ovat kokoontuneet nuotion ympärille. He **nauravat** ja vitsailevat, ja näen tulen heijastuvan heidän silmissään. Hymyilen ja istahdan ystävieni viereen. On hyvä olla taas täällä. Seuraavana aamuna herään aikaisin ja alan pakata tavaroitani. Olen innokas palaamaan polulle ja jatkamaan matkaani. Hyvästelen ystäväni ja lähden kävelemään pois. Kävellessäni vilkaisen vielä kerran **leirintäaluetta**. Näen nuotion yhä palavan kaukana, ja voin haistaa savun ilmassa.

afkoeling van de hitte. Na een tijdje kom ik uit het water en ga op het gras liggen, zodat de zon mijn lichaam kan drogen. Ik sluit mijn ogen en val in slaap, het geluid van de **cicaden** brengt me in een diepe slaap. Ik laat de zon het water uit mijn huid bakken. Ik voel dat mijn huid rood wordt, maar dat kan me niet schelen. Ik heb het te warm om me zorgen te maken. Het volgende dat ik weet, is dat de zon ondergaat. De lucht is prachtig oranje, met roze en paarse strepen. De hitte is weg, vervangen door een koel **briesje**.

Ik sta op en trek mijn kleren weer aan. Ik voel me verfrist en verjongd. Ik haal diep **adem** uit de koele lucht en glimlach. Het voelt goed om te leven. Ik loop terug naar de camping en bewonder de manier waarop de kleuren in de lucht dansen. In de verte zie ik het kampvuur branden, en ik ruik de rook in de lucht.
Ik glimlach en **versnel** mijn pas. Ik ben klaar om te ontspannen en te genieten van de rest van mijn avond. Ik loop de camping op en zie dat iedereen rond het vuur zit. Ze **lachen** en maken grapjes, en ik kan het vuur in hun ogen zien weerkaatsen. Ik glimlach en ga naast mijn vrienden zitten. Het is goed om terug te zijn. De volgende ochtend sta ik vroeg op en begin mijn spullen in te pakken. Ik sta te popelen om weer op pad te gaan en mijn reis voort te zetten. Ik neem afscheid van mijn vrienden en begin weg te lopen. Terwijl ik loop, werp ik nog een laatste blik op de **camping**. In de verte zie ik het vuur nog branden en ik ruik de rook in de lucht.

Ymmärtämisen kysymykset

1. Minne kävelijä on menossa?

2. Millainen sää on?

3. Miltä vesi näyttää?

4. Miten kävelijä reagoi lämpöön?

5. Mitä kala tekee?

6. Miksi kävelijä on yksin?

7. Miltä vesi tuntuu?

8. Miltä kävelijästä tuntuu uinnin jälkeen?

9. Mihin aikaan päivästä kävelijä herää?

10. Minne kävelijä menee, kun hän lähtee leiristä?

Begrip vragen

1. Waar gaat de wandelaar heen?

2. Wat voor weer is het?

3. Hoe ziet het water eruit?

4. Hoe reageert de wandelaar op de hitte?

5. Wat doet de vis?

6. Waarom is de wandelaar alleen?

7. Hoe voelt het water aan?

8. Hoe voelt de wandelaar zich na het zwemmen?

9. Hoe laat is het als de wandelaar wakker wordt?

10. Waar gaat de wandelaar heen als hij het kamp verlaat?

Talo

Muutin uuteen talooni viime viikolla, ja olen niin **innoissani**! Se on paljon isompi kuin vanha taloni, ja siinä on iso takapiha. En malta odottaa, että pääsen kutsumaan ystäviä grillaamaan ja juhlimaan. Lempiosani on uusi makuuhuoneeni. Se on niin iso ja valoisa, ja minulla on paljon tilaa laittaa kaikki tavarani. Olen todella tyytyväinen uuteen talooni ja uskon, että tulen viihtymään täällä hyvin. Päätin tutkia taloa vähän enemmän. Menin yläkertaan toiseen kerrokseen ja lähdin kulkemaan kohti keittiötä, kun näin seinällä ison mustan hämähäkin! Huusin ja juoksin alakertaan. Olin niin **peloissani**! Mutta muutaman minuutin kuluttua rauhoituin ja päätin mennä takaisin yläkertaan. Pääsin hitaasti keittiöön ja näin, että hämähäkki oli kadonnut. Olin niin helpottunut! Menin takaisin alakertaan ja päätin mennä ulos tutkimaan **takapihaa**. Se oli niin iso! En voinut uskoa sitä. Näin nurkassa keinun ja liukumäen. Näin myös koripalloverkon ja **trampoliinin**. Olin niin innoissani!

En malta odottaa, että pääsen käyttämään kaikkia näitä uusia juttuja. **Naapurit** tulivat ja esittäytyivät. He vaikuttivat todella mukavilta, ja juttelimme jonkin aikaa. He kutsuivat minut ensi viikonloppuna grillijuhliinsa, ja sanoin, että tulen mielelläni. Ensimmäinen viikko uudessa talossani oli mahtava, ja olen innoissani

Het Huis

Ik ben vorige week in mijn nieuwe huis getrokken, en ik ben zo **opgewonden**! Het is zoveel groter dan mijn oude, en het heeft een grote achtertuin. Ik kan niet wachten om vrienden uit te nodigen voor BBQ's en feestjes. Mijn **favoriete** deel is mijn nieuwe slaapkamer. Hij is zo groot en licht, en ik heb veel ruimte om al mijn spullen op te bergen. Ik ben echt blij met mijn nieuwe huis en ik denk dat ik hier heel gelukkig zal zijn. Ik besloot om het huis nog wat verder te verkennen. Ik ging naar boven naar de tweede verdieping en ging op weg naar de keuken toen ik een grote zwarte spin op de muur zag! Ik gilde en rende naar beneden. Ik was zo **bang**! Maar na een paar minuten was ik gekalmeerd en besloot ik terug naar boven te gaan. Ik ging langzaam naar de keuken en zag dat de spin weg was. Ik was zo opgelucht! Ik ging terug naar beneden en besloot naar buiten te gaan om de **achtertuin te verkennen**. Hij was zo groot! Ik kon het niet geloven. Ik zag een schommel in de hoek en een glijbaan. Ik zag ook een basketbalnet en een **trampoline**. Ik was zo opgewonden!

Ik kan niet wachten om al deze nieuwe spullen te gebruiken. De **buren** kwamen langs en stelden zich voor. Ze leken erg aardig, en we hebben een tijdje gepraat. Ze nodigden me uit voor hun BBQ volgend weekend, en ik zei dat ik graag zou komen. Ik had een

kaikista tulevista uusista seikkailuista. Tänään aion mennä taas tutkimaan takapihalle ja katsoa, mitä muuta löydän. Kuka tietää, ehkä löydän jopa jonkin **aarteen**. En malta odottaa, mitä ensi viikko tuo tullessaan! Seuraavalla viikolla lähdin taas tutkimaan takapihaa, ja löysin **salaisen** puutarhan. Se oli niin kaunis! Siellä oli kukkia kaikkialla ja pieni lampi, jossa oli kaloja. Näin myös keinun, jota en ollut nähnyt aiemmin. Olin niin innoissani, kun löysin tämän salaisen puutarhan, enkä malta odottaa, että pääsen tutkimaan sitä lisää. Se oli niin **kaunis**!

Kaikkialla oli kukkia ja pieni lampi, jossa oli kaloja. Näin myös **keinun**, jota en ollut nähnyt aiemmin. Olin niin innoissani, kun löysin tämän salaisen puutarhan, enkä malta odottaa, että pääsen tutkimaan sitä lisää. Rakastin myös uutta huonettani. Se oli niin iso ja valoisa, ja seinillä oli jo lempibändieni julisteita. Minun ei edes tarvinnut tuoda omia **huonekalujani, koska** täällä oli jo sänky, lipasto ja kirjoituspöytä. Tästä tulee paras vuosi ikinä! Olin hieman hermostunut aloittamaan uudessa **koulussa, mutta** kaikki uudet naapurini ovat olleet niin ystävällisiä. Tapasin jopa naapurissa asuvan tytön, joka lupasi kävellä kanssani kouluun ensimmäisenä päivänä.

geweldige eerste week in mijn nieuwe huis, en ik ben opgewonden over alle nieuwe avonturen die in het verschiet liggen. Vandaag ga ik weer op verkenning in de achtertuin en kijken wat ik nog meer kan vinden. Wie weet, misschien vind ik wel een **schat**. Ik kan niet wachten om te zien wat de volgende week brengt!
De volgende week ging ik weer op verkenning in de achtertuin, en ik vond een **geheime** tuin. Het was zo mooi! Er waren overal bloemen en een kleine vijver met vissen erin. Ik zag ook een schommel die ik nog niet eerder had gezien. Ik was zo opgewonden toen ik deze geheime tuin vond, en ik kan niet wachten om hem verder te verkennen. Het was zo **mooi**!

Er waren overal bloemen en een kleine vijver met vissen erin. Ik zag ook een **schommel** die ik nog niet eerder had gezien. Ik was zo opgewonden toen ik deze geheime tuin vond, en ik kan niet wachten om hem verder te verkennen. Ik vond mijn nieuwe kamer ook geweldig. Hij was zo groot en licht, en er hingen al posters van mijn favoriete bands aan de muur. Ik hoefde niet eens mijn eigen **meubels** mee te nemen, want er stonden al een bed, een dressoir en een bureau. Dit wordt het beste jaar ooit! Ik was een beetje nerveus om op een nieuwe **school** te beginnen, maar al mijn nieuwe buren zijn zo vriendelijk. Ik heb zelfs een meisje ontmoet dat naast me woont, en ze zegt dat ze op mijn eerste dag met me naar school zal lopen.

Ymmärtämisen kysymykset

1. Missä henkilö asuu?

2. Millaista on asua uudessa talossa?

3. Mikä on henkilön lempiosuus uudessa talossa?

4. Mitä henkilö löysi puutarhasta?

5. Ketkä ovat naapureita?

6. Miltä tuntuivat henkilön ensimmäiset päivät uudessa talossa?

7. Mikä on henkilön lempiosuus uudessa huoneessa?

8. Mitä henkilö aikoo tehdä huomenna?

9. Mikä oli parasta henkilön ensimmäisessä viikossa uudessa talossa?

10. Mitä kaikkea henkilön uudessa huoneessa on?

Begrip vragen

1. Waar woont de persoon?

2. Hoe vindt de persoon het in het nieuwe huis?

3. Wat is het favoriete deel van het nieuwe huis van de persoon?

4. Wat heeft de persoon in de tuin gevonden?

5. Wie zijn de buren?

6. Hoe voelde de persoon zich de eerste dagen in het nieuwe huis?

7. Wat is het favoriete deel van de nieuwe kamer van de persoon?

8. Wat is de persoon van plan morgen te doen?

9. Wat was het beste deel van de eerste week van de persoon in het nieuwe huis?

10. Wat is er allemaal in de nieuwe kamer van de persoon?

Junassa

Juoksin juna-asemalle, mutta olin liian myöhässä. Juna oli jo lähtenyt ilman minua. Olin niin **vihainen** ja **pettynyt** itseeni. Olin suunnitellut meneväni junalla maalla asuvien isovanhempieni luo, mutta nyt minun pitäisi odottaa seuraavaa junaa kokonainen tunti. Päätin sen sijaan kävellä hetken kaupungilla ja yritin unohtaa menetetyn tilaisuuden. Kävellessäni aloin **haaveilla** kaikista niistä paikoista, joihin **junalla** voi päästä. Yhtäkkiä en ollutkaan enää niin järkyttynyt. Suuntasin takaisin asemalle enkä voinut olla huomaamatta suurta punaista, valkoista ja sinistä veturia, joka kurvailee minua kohti. Vasta kun näen **konduktöörin** vilkuttavan minulle ikkunasta, tajuan, että tämä juna on minua varten. Nousen junaan, etsin istumapaikkani ja asetun odottamaan pitkää matkaa.

Kun lähdemme asemalta, en voi olla miettimättä, minne tämä juna vie minut. Vihreiden **peltojen** halki ja sinisten jokien yli, vuorten ja laaksojen ohi, ei voi tietää, minne tämä vanha juna vie. Kun yö alkaa laskeutua, vaipun **rauhalliseen** uneen, jota vaunujen **rytmikäs** liike raiteilla tuudittaa. Kun aamu taas koittaa, avaan silmäni ja huomaan, että olemme saapuneet pikkukaupunkiin jossain keskellä ei mitään. Aurinko kurkistaa juuri horisontin takaa, kun paikalliset alkavat vilskeillä

In de trein

Ik rende naar het treinstation, maar ik was te laat. De trein was al vertrokken zonder mij. Ik voelde me zo **boos** en **teleurgesteld** in mezelf. Ik was van plan om met de trein naar mijn grootouders te gaan die op het platteland wonen, maar nu moest ik een heel uur wachten op de volgende trein. Ik besloot in plaats daarvan een eindje door de stad te lopen en probeerde mijn gemiste kans te vergeten. Terwijl ik liep, begon ik **te dagdromen** over alle plaatsen waar **treinen** je kunnen brengen. Plotseling was ik niet meer zo van streek. Ik liep terug naar het station en zag de grote rood-wit-blauwe locomotief die op me af kwam rijden. Pas als ik de **conducteur** vanuit het raam naar me zie zwaaien, realiseer ik me dat deze trein voor mij is. Ik stap in de trein en zoek een zitplaats. Ik ga zitten voor wat een lange reis belooft te worden.

Terwijl we het station uitrijden, vraag ik me af waar deze trein me heen zal brengen. Door groene **velden** en over blauwe rivieren, langs bergen en valleien, het is niet te zeggen waar deze oude trein heen zal gaan. Als de nacht begint te vallen, drijf ik weg in een **vredige** slaap, gewiegd door de **ritmische** beweging van de wagons op de sporen beneden. Als het weer ochtend wordt, open ik mijn ogen en zie dat we in een klein stadje

pääkadulla; näyttää ihan samalta kuin mikä tahansa päivä täällä, paitsi yksi asia - kaupungintalon lähellä on iso kyltti, jossa lukee “Tervetuloa kyytiin!”. Vaikuttaa siltä, että tämä pieni kaupunki on odottanut meitä, vaikka olemme vain tavallinen matkustajajuna, joka on matkalla muualle. Kun jätämme kaupungin jälleen kerran taaksemme ja puksuttelemme kohti ties minne seuraavaksi, hymyilen kaikille ystävällisille kasvoille, jotka vilkuttavat hyvästiksi noista pienistä taloista, jotka sijaitsevat **viljelysmaan** keskellä **-** on todella hämmästyttävää, miten jokin näennäisen tavallinen asia voi tuoda niin paljon iloa vain kulkemalla ohi. Ja sitten ovat tietenkin **lapset**.

Nojaan veturini ikkunasta ulos. He saavat minut aina tuntemaan itseni niin onnelliseksi kiiltävine silmineen ja leveine virneineen. Vilkutan heille tarmokkaasti takaisin ennen kuin palaan **hyttiini** ja istahdan alas. Päivä on ollut jo pitkä, mutta se ei ole vielä ohi; on vielä muutama tunti aikaa, ennen kuin saavumme lopulliseen **määränpäähämme**. Otan kirjani esiin ja alan lukea, annan junan rytmikkään keinumisen tuudittaa minut rauhalliseen tilaan. Aina välillä vilkaisen ulkona ohi kulkevia maisemia - ne eivät koskaan kyllästy, vaikka näkisin ne kuinka monta kertaa. Lopulta yö alkaa laskeutua ja kaukaisuudessa alkaa näkyä **tuikkivia** valoja; olemme jo lähellä. Pian ajamme asemalle ja pysähdymme.

ergens in niemandsland zijn aangekomen. De zon komt net boven de horizon als de plaatselijke bevolking zich in de hoofdstraat begint te mengen; het ziet er hier uit als elke andere dag, behalve één ding - er hangt een groot bord bij het stadhuis met de tekst “Welkom aan boord!” Het lijkt erop dat dit stadje ons verwacht, ook al zijn we maar een gewone passagierstrein op doorreis naar elders. Terwijl we de stad weer achter ons laten, op weg naar wie weet waar, glimlach ik om al die vriendelijke gezichten die ons uitzwaaien vanuit die kleine huisjes tussen **het boerenland -** het is echt verbazingwekkend hoe iets dat zo gewoon lijkt, zoveel vreugde kan brengen door er gewoon langs te rijden. En dan, natuurlijk, zijn er de **kinderen**.

Ik leun uit het raam van mijn locomotief. Ze maken me altijd zo blij met hun stralende ogen en grote grijnzen. Ik zwaai energiek naar ze terug voordat ik terugga naar mijn **cabine** en ga zitten. Het was al een lange dag, maar hij is nog niet voorbij; het duurt nog een paar uur voordat we onze **eindbestemming** bereiken. Ik pak mijn boek en begin te lezen, terwijl het ritmische schommelen van de trein me in een vredige toestand brengt. Af en toe kijk ik op naar het landschap dat buiten aan me voorbijtrekt - het verveelt nooit, hoe vaak ik het ook zie. Uiteindelijk begint de nacht te vallen en verschijnen er **twinkelende** lichtjes in de verte; we komen nu in de buurt. Snel genoeg rijden we het station binnen en komen tot stilstand.

Ymmärtämisen kysymykset

1. Minne juna on menossa?

2. Ketkä matkustavat junassa?

3. Milloin juna lähtee?

4. Miten päähenkilö pääsee junaan?

5. Mistä juna tulee?

6. Minne juna menee seuraavaksi?

7. Milloin matkustajat saapuivat?

8. Miltä päähenkilöstä tuntuu, kun hän myöhästyy junasta?

9. Miten junankuljettaja reagoi nähdessään päähenkilön?

10. Miksi päähenkilö pitää junista?

Begrip vragen

1. Waar gaat de trein heen?

2. Wie reist er met de trein?

3. Wanneer vertrekt de trein?

4. Hoe komt de hoofdpersoon op de trein?

5. Waar komt de trein vandaan?

6. Waar gaat de trein nu heen?

7. Wanneer zijn de passagiers aangekomen?

8. Hoe voelt de hoofdpersoon zich als hij de trein mist?

9. Hoe reageert de treinmachinist als hij de hoofdpersoon ziet?

10. Waarom houdt de hoofdpersoon van treinen?

Ruoanlaitto illallinen

Kello on nyt viisi iltapäivällä, ja kävelen töistä kotiin. Odotan **innolla** rauhallista iltaa kotona kumppanini kanssa. Laitamme yhdessä illallista ja sitten vain rentoudumme loppuillan. Tuntuu hyvältä tietää, ettei minulla ole tänä **iltana** mitään suunnitelmia tai velvollisuuksia. Saavun kotiin, ja kumppanini on jo keittiössä ja alkaa valmistaa illallista. Täällä tuoksuu **ihanalta!** Juttelemme kokatessamme, kerromme toistemme päivistä ja jaamme pieniä tarinoita työelämästä. Keittiö on lempihuoneeni asunnossamme. Rakastan ruoanlaittoa, ja erityisesti rakastan ruoanlaittoa kumppanini kanssa. Meillä on täällä aina niin hauskaa, kun nauramme ja vitsailemme kokkaillessamme. Lisäksi ruoka on aina **uskomatonta**, kun työskentelemme **yhdessä**.

Tänä iltana teemme yhtä kaikkien aikojen suosikkiresepteistäni: parmesaanikanaa. Kumppanini aloittaa paneroimalla kanan, kun minä saan kastikkeen kiehumaan **liedellä**. Työskentelemme yhdessä kuin hyvin öljytty kone, ja ennen pitkää illallinen on valmis tarjoiltavaksi. Istumme pienen keittiön pöydän ääreen **lautaset** täynnä parmesaanikanaa, pastaa ja salaattia. Juomme lasit yhteen ja otamme ensimmäisen suupalan - ja se on **taivaallista**! Kana on rapeaa ulkoa mutta

Diner koken

Het is nu 5 uur 's middags en ik loop van mijn werk naar huis. Ik kijk **uit** naar een rustige avond thuis met mijn partner. We zullen samen eten koken en dan de rest van de avond ontspannen. Het voelt goed om te weten dat ik deze **avond** geen plannen of verplichtingen heb. Ik kom thuis en mijn partner is al in de keuken om ons eten klaar te maken. Het ruikt hier geweldig! We kletsen terwijl we koken, praten bij over elkaars dagen en delen kleine verhalen uit ons werkleven. De keuken is mijn favoriete kamer in ons appartement. Ik hou van koken, en vooral van koken met mijn partner. We hebben het hier altijd zo gezellig, we lachen en maken grapjes terwijl we koken. En het eten is altijd **heerlijk** als we **samenwerken**.

Vanavond maken we een van m'n lievelingsrecepten: Parmezaanse kip. Mijn partner begint met het paneren van de kip, terwijl ik de saus op het **fornuis** laat pruttelen. We werken samen als een goed geoliede machine en al snel is het eten klaar om op te dienen. We gaan aan onze kleine keukentafel zitten met **borden** vol met Parmezaanse kip, pasta en salade. We klinken op de glazen en nemen onze eerste hap, en het is **hemels**! De kip is knapperig van buiten maar sappig van binnen; de saus is smaakvol en perfect;

mehukasta sisältä; kastike on maukasta ja täydellistä; pasta on kypsää al dente... kaikki maistuu tänä iltana aivan täydelliseltä. Me molemmat tiedämme, että tämä oli yksi niistä illoista, jolloin kaikki vain sopi täydellisesti yhteen, kun **nautimme** herkullisen ateriamme joka ikisen suupalan. Se maistui jopa paremmalta kuin se tuoksui - mikä oli pirun hyvä! Syömme ateriamme suhteellisen nopeasti loppuun, sillä kummallakaan meistä ei ole tänään erityisen nälkä, mutta nautimme kaikessa rauhassa vielä muutaman **lasillisen** viiniä jutellessamme kevyesti tästä ja tuosta aiheesta. Ruoan jälkeen siivoamme nopeasti yhdessä ja siirrymme sitten olohuoneeseen, jossa vietämme jonkin aikaa sohvalla **halailemassa** ja katselemassa televisiota.

Tuntuu niin mukavalta olla lähellä toisiaan pitkän **työpäivän** jälkeen. Tunnen itseni tyytyväiseksi. Vaikka meillä ei ollutkaan tapahtumarikas ilta, oli mukavaa vain viettää aikaa yhdessä ilman, että tarvitsisi lähteä kotoa. Katsoimme elokuvan ja menimme aikaisin nukkumaan, ja olimme **tyytyväisiä** yksinkertaiseen illanviettoon. Tästä on tullut yksi lempipuuhistamme sellaisina iltoina, kun emme halua lähteä ulos - rentoudumme vain kotona ja nautimme toistemme seurasta kotona valmistetun aterian äärellä. On aina mukavaa tietää, että voimme palata tänne pitkän päivän jälkeen ja olla vain oma itsemme.

de pasta is al dente gekookt... alles smaakt absoluut perfect vanavond. We weten allebei dat dit een van die avonden was waarop alles perfect samenkwam en we **genieten van** elke laatste hap van onze heerlijke maaltijd. Het smaakte nog beter dan het rook, en dat was verdomd goed! We eten relatief snel, omdat geen van ons beiden vandaag honger heeft, maar we nemen de tijd om nog een paar **glazen** wijn te drinken terwijl we luchtig kletsen over van alles en nog wat. Na het eten ruimen we snel samen op en gaan dan naar de woonkamer, waar we een poosje **knuffelen** op de bank terwijl we TV kijken.

Het voelt zo fijn om dicht bij elkaar te zijn na een lange dag apart **werken**. Ik voel me voldaan. Ook al hadden we geen avond vol belevenissen, het was fijn om gewoon wat tijd met elkaar door te brengen zonder het huis uit te hoeven. We keken een film en gingen vroeg naar bed, met een **voldaan** gevoel over onze eenvoudige avond. Dit is een van onze **favoriete** dingen geworden om te doen op avonden dat we niet uit willen gaan - gewoon thuis ontspannen en genieten van elkaars gezelschap tijdens een zelfgekookte maaltijd. Het is altijd fijn om te weten dat we hier na een lange dag kunnen terugkomen en gewoon onszelf kunnen zijn.

Ymmärtämisen kysymykset

1. Mistä kertoja on kotoisin?

2. Mitä kertoja tekee töiden jälkeen?

3. Mitä kertoja syö päivälliseksi?

4. Miksi kertoja pitää keittiöstä?

5. Millaista ruokaa pariskunta valmistaa?

6. Miltä kertojasta tuntuu illan päätteeksi?

7. Mitä pariskunta tekee mieluiten?

8. Mitä pariskunta tekee, kun he väsyvät?

9. Missä he nukkuvat?

10. Miksi kertoja haluaa olla kotona?

Begrip vragen

1. Waar komt de verteller vandaan?

2. Wat doet de verteller na het werk?

3. Wat eet de verteller als avondeten?

4. Waarom houdt de verteller van de keuken?

5. Wat voor gerecht kookt het stel?

6. Hoe voelt de verteller zich aan het eind van de avond?

7. Wat is het favoriete ding van het koppel om te doen?

8. Wat doet het stel als ze moe worden?

9. Waar slapen ze?

10. Waarom blijft de verteller graag thuis?

Kävellen kotiin

Oli **rauhallinen** ilta, kun kävelin töistä kotiin. Käveliessäni en voinut olla hymyilemättä muistoille. Tuntui hyvältä olla taas vanhalla asuinalueellani. Vilkutin muutamalle tutulle ihmiselle, ja he vilkuttivat takaisin. Oli hyvä olla kotona. Kävelin vanhan kouluni ohi ja **muistelin** kaikkia niitä hyviä hetkiä, joita minulla oli ystävieni kanssa. Kävelimme aina yhdessä kotiin ja puhuimme päivästä. **Joskus** pysähdyimme hakemaan jäätelöä tai menimme puistoon. Ne olivat parhaita aikoja. Kaipaan niitä aikoja. Mutta nyt minulla on oma perhe ja olen tyytyväinen elämääni. Olen iloinen, että voin muistella noita muistoja ja hymyillä. Ne ovat osa elämääni, jota tulen aina vaalimaan. Ne olivat parhaita aikoja. Kaipaan niitä aikoja. Mutta nyt minulla on oma perhe ja olen tyytyväinen elämääni. Olen iloinen, että voin muistella noita **muistoja** ja hymyillä. Ne ovat osa elämääni, jota tulen aina vaalimaan.

Jatkan kävelyä ja ajattelen hyviä aikoja, joita minulla oli ystävieni kanssa. Tiedän, että näen heidät pian uudelleen. Suuntaan kohti kotiani ja päätän kävellä läheisen puiston läpi. Aurinko on laskemassa ja taivas muuttuu **kauniin** oranssin väriseksi. Puisto on tyhjä, lukuun ottamatta muutamaa lintua, jotka visertävät puissa. **Vedän** syvään **henkeä** ja hymyilen. Kun

Walking Home

Het was een **rustige** avond toen ik van mijn werk naar huis liep. Terwijl ik liep, kon ik niet anders dan glimlachen bij de herinneringen. Het voelde goed om terug in mijn oude buurt te zijn. Ik zwaaide naar een paar mensen die ik kende, en zij zwaaiden terug. Het was goed om thuis te zijn. Ik liep langs mijn oude school en **herinnerde me** alle leuke tijden die ik had met mijn vrienden. We liepen altijd samen naar huis en praatten over onze dag. **Soms** stopten we om een ijsje te halen of gingen we naar het park. Dat waren de beste tijden. Ik mis die tijden. Maar nu heb ik mijn eigen familie en ik ben blij met mijn leven. Ik ben blij dat ik op die herinneringen kan terugkijken en glimlachen. Ze zijn een deel van mijn leven dat ik altijd zal koesteren. Dat waren de beste tijden. Ik mis die tijden. Maar nu heb ik mijn eigen familie en ben ik gelukkig met mijn leven. Ik ben blij dat ik kan terugkijken op die **herinneringen** en kan glimlachen. Ze zijn een deel van mijn leven dat ik altijd zal koesteren.

Ik blijf lopen, denkend aan de goede tijden die ik had met mijn vrienden. Ik weet dat ik ze snel weer zal zien. Ik ga richting mijn huis en besluit door een park in de buurt te lopen. De zon gaat onder en de lucht kleurt **prachtig** oranje. Het park is leeg, behalve een

kävelen puiston läpi, näen tähdenlentotähden leijailevan taivaalla. Toivon tähdelle jotain ja jatkan kävelyä. Ajattelen työpäivääni ja sitä, miten **rauhallista** se oli. Hymyilen itsekseni ja mietin, kuinka onnekas olen, kun minulla on näin hyvä työ. Kävelen kotiin **tuntien** viileän yöilman ihollani. Tunnen itseni niin eloisaksi ja onnelliseksi, kun nautin vain siitä, että kävelen kotiin rauhallisena iltana. Olo oli niin hyvä, että aloin **viheltää**. Kävelin muutaman ihmisen ohi kadulla, mutta he olivat kaikki keskittyneet omiin asioihinsa.

Käännyin kadunkulmasta kadulle ja näin naapurin kissan, herra Whiskersin, istuvan kuistillani. Tervehdin sitä, ja se miautti takaisin. **Avasin** oveni ja menin sisään. Olin niin onnellinen ollessani kotona. Riisuin kenkäni ja valmistauduin nukkumaan. Menin sinä yönä nukkumaan onnellisena ja kiitollisena, sydämeni täynnä rakkautta. Nukuin sikeästi läpi yön, en murehtinut mitään. Heräsin levollisesta unesta ja minua **tervehti** aurinko, joka paistoi sisään ikkunastani. Nousin sängystä ja venyttelin, hengitin syvään ja tunsin viileän ilman täyttävän keuhkoni. Kävelin ikkunalleni ja katsoin ulos, kuulin lintujen visertävän ja **oravien** leikkivän. Hymyilin ja menin pukeutumaan onnellisena ja tyytyväisenä.

paar vogels die in de bomen tjilpen. Ik haal diep **adem** en glimlach. Terwijl ik door het park loop, zie ik een vallende ster door de lucht scheren. Ik doe een wens op die ster, en loop verder. Ik denk aan mijn dag op het werk en hoe **vredig** het was. Ik glimlach in mezelf, denkend aan hoe gelukkig ik ben dat ik zo'n geweldige baan heb. Ik loop naar huis en **voel** de koele nachtlucht op mijn huid. Ik voel me zo levendig en gelukkig, gewoon genietend van de eenvoudige handeling van het naar huis lopen op een vredige avond. Ik voelde me zo goed, dat ik begon te **fluiten**. Ik liep langs een paar mensen op straat, maar ze bemoeiden zich allemaal met hun eigen zaken.

Ik draaide de hoek van mijn straat om en zag de kat van mijn buren, Mr. Whiskers, op mijn veranda zitten. Ik zei hem gedag en hij miauwde terug. Ik **deed** mijn deur **van het slot** en ging naar binnen. Ik was zo blij om thuis te zijn. Ik trok mijn schoenen uit en maakte me klaar om naar bed te gaan. Ik ging die avond naar bed met een blij en dankbaar gevoel, mijn hart vol liefde. Ik sliep de hele nacht rustig door, zonder me ergens zorgen over te maken. Ik werd wakker uit een rustgevende slaap en werd **begroet** door de zon die door mijn raam naar binnen scheen. Ik stapte uit bed en rekte me uit, haalde diep adem en voelde hoe de koele lucht mijn longen vulde. Ik liep naar mijn raam en keek naar buiten, hoorde de vogels kwetteren en de **eekhoorns** spelen. Ik glimlachte en kleedde me aan, blij en tevreden.

Ymmärtämisen kysymykset

1. Mitä päähenkilö teki, kun tarina alkoi?

2. Mitä päähenkilö ajatteli kävellessään kotiin?

3. Mitä päähenkilöllä oli tapana tehdä ystävien kanssa koulun jälkeen?

4. Mitä päähenkilö kaipaa noista ajoista?

5. Mitä päähenkilö ajattelee nykyisestä elämästään?

6. Mitä päähenkilö tekee, kun hän näkee tähdenlennon?

7. Miltä päähenkilöstä tuntuu, kun hän kävelee kotiin?

8. Mitä päähenkilö tekee, kun hän pääsee kotiin?

9. Miltä päähenkilöstä tuntuu, kun hän herää seuraavana aamuna?

10. Mitä päähenkilö tekee seuraavana päivänä?

Begrip vragen

1. Wat was de hoofdpersoon aan het doen toen het verhaal begon?

2. Waar dacht de hoofdpersoon aan toen hij naar huis liep?

3. Wat deed de hoofdpersoon vroeger met vrienden na school?

4. Wat mist de hoofdpersoon van die tijd?

5. Wat vindt de hoofdpersoon van zijn huidige leven?

6. Wat doet de hoofdpersoon als hij een vallende ster ziet?

7. Hoe voelt de hoofdpersoon zich als ze naar huis lopen?

8. Wat doet de hoofdpersoon als ze thuiskomen?

9. Hoe voelt de hoofdpersoon zich als hij de volgende ochtend wakker wordt?

10. Wat doet de hoofdpersoon de volgende dag?

Linna

Perhe oli aina halunnut vierailla vanhassa linnassa **Saksassa,** ja lopulta he tekivät matkan. He eivät olleet **pettyneitä**. Linna oli kaunis, ja he nauttivat sen moniin huoneisiin ja käytäviin tutustumisesta. Ensimmäinen asia, joka heihin iski, oli haju. He löysivät **hometta**, kosteutta ja jotain muuta, mitä he eivät osanneet määritellä. Toinen asia oli ääni. Kiviseinät ovat paksut, mutta ne eivät vaimenta ääntä kokonaan. He kuulivat jokaisen askeleen, jokaisen normaalilla äänellä puhutun sanan ja satunnaisen veden tippumisen **jostain** kaukaa. Kun heidän silmänsä sopeutuivat hämärään valoon, he näkivät ympärillään massiiviset kiviseinät, joista roikkui seinävaatteita riekaleina. He seisoivat valtavassa salissa, jonka korkeaa kattoa tukivat veistetyt pilarit. He ihastuivat myös tornista avautuviin näkymiin, ja lapsilla oli hauskaa juosta ympäriinsä. **Aurinko** oli alkanut laskea, kun he olivat lopettaneet linnan tutkimisen, ja he katuivat, etteivät olleet ottaneet **taskulamppua** mukaan. He päättivät palata takaisin sisäänkäynnille, mutta eksyivät pian. He harhailivat ympäriinsä tuntui tuntikausilta, kunnes lopulta he törmäsivät oveen, joka johti ulos. He jatkoivat matkaa, kunnes he **saapuivat** käytävän päähän ja tulivat mahtavien pariovien eteen. He yrittivät kuinka paljon tahansa, mutta ovet eivät liikkuneet. Ne kolisivat **pahaenteisesti**, mutta eivät

Het kasteel

De familie had altijd al eens een oud kasteel in **Duitsland** willen bezoeken, en eindelijk hebben ze de reis gemaakt. Ze werden niet **teleurgesteld**. Het kasteel was prachtig, en ze genoten van het verkennen van de vele kamers en gangen. Het eerste wat hen trof was de geur. Ze vonden **schimmel**, vochtigheid, en iets anders waar ze hun vinger niet op konden leggen. Het tweede was het geluid. Stenen muren zijn dik, maar ze dempen het geluid niet volledig. Ze hoorden elke voetstap, elk woord dat met een normale stem werd gesproken, en af en toe een druppeltje water **ergens** in de verte. Toen hun ogen zich aanpasten aan het zwakke licht, zagen zij overal om hen heen massieve stenen muren opdoemen, waaraan wandtapijten in flarden hingen. Ze stonden in een enorme hal met een hoog plafond, ondersteund door gebeeldhouwde pilaren. Ze hielden ook van het uitzicht vanaf de torentjes, en de kinderen vermaakten zich met rondrennen over het terrein. De **zon** begon al onder te gaan tegen de tijd dat ze klaar waren met het verkennen van het kasteel, en ze betreurden het dat ze geen **zaklamp** hadden meegenomen. Ze besloten om terug te gaan naar de ingang, maar al snel waren ze verdwaald. Ze dwaalden urenlang rond, tot ze eindelijk een deur tegenkwamen die naar buiten

liikkuneet senttiäkään. Näytti siltä, että se, joka oli ollut täällä aiemmin, oli varmasti mennyt tästä läpi ja lukinnut ne sisältä. Lopulta he löytävät tien ulos. Helpotus valtaa heidät, kun he astuvat ulos viileään yöilmaan.

Aurinko oli alkanut laskea, ja he **katuivat**, etteivät olleet ottaneet taskulamppua mukaansa. He päättivät palata takaisin sisäänkäynnille, mutta eksyivät pian. He harhailivat ympäriinsä tuntui tuntikausilta, kunnes lopulta he törmäsivät oveen, joka johti **ulos**. Helpotus valtasi heidät, kun he astuivat ulos viileään yöilmaan. Seuraavana iltana he ottivat taskulampun mukaansa, kun he tutkivat loput linnasta. He kävelivät **sisäpihan** läpi ja alas **linnan** muurien takana virtaavalle joelle. Kun he kävelivät ympäriinsä, he alkoivat kuulla outoja ääniä. Se kuulosti siltä, että joku seurasi heitä. He kiihdyttivät vauhtiaan, mutta äänet tulivat kovemmiksi ja lähemmäksi. Perhe juoksi takaisin linnaan niin nopeasti kuin pystyi, ja he olivat helpottuneita nähdessään, ettei **tummaan** viittaan pukeutunut hahmo ollut seurannut heitä.

leidde. Ze liepen door tot ze **aan het** eind van de gang kwamen bij een imposant stel dubbele deuren. Hoe ze ook probeerden, de deuren wilden niet bewegen. Ze rammelden **onheilspellend**, maar bewogen geen centimeter. Het leek erop dat degene die hier eerder was, hier doorheen was gegaan en ze van binnenuit had afgesloten. Uiteindelijk vinden ze een uitweg. Opluchting overspoelde hen toen ze naar buiten stapten in de koele nachtlucht.

De zon begon onder te gaan en zij **betreurden het** dat zij geen zaklamp hadden meegenomen. Ze besloten terug te gaan naar de ingang, maar al gauw waren ze verdwaald. Ze dwaalden urenlang rond, tot ze eindelijk een deur tegenkwamen die **naar buiten** leidde. Opluchting overviel hen toen ze naar buiten stapten in de koele nachtlucht. De volgende avond namen ze een zaklamp mee om de rest van het kasteel te verkennen. Ze liepen over de **binnenplaats** en naar de rivier die achter de kasteelmuren stroomde. Terwijl ze rondliepen, begonnen ze vreemde geluiden te horen. Het klonk alsof iemand hen volgde. Ze versnelden hun pas, maar de geluiden werden luider en dichterbij. De familie rende zo snel als ze konden terug naar het kasteel, en ze waren opgelucht toen ze zagen dat de figuur in de **donkere** mantel hen niet was gevolgd.

Ymmärtämisen kysymykset

1. Mitä perhe teki, kun he eksyivät linnaan?

2. Miltä perheestä tuntui, kun he saivat tietää, että kyseessä oli vain paikallinen mies?

3. Mitä mies teki, minkä vuoksi hänet pidätettiin?

4. Mikä oli miehen tuomio?

5. Mitä ääntä perhe kuuli kävellessään?

6. Missä tummaan viittaan pukeutunut hahmo oli, kun perhe näki hänet?

7. Mitä perhe teki palattuaan huoneeseensa?

8. Milloin perhe lähti taas tutkimaan linnaa?

9. Mikä oli se asia, jota perhe ei osannut selittää?

10. Mitä perhe teki ennen kuin he lähtivät taas tutkimaan linnaa?

Begrip vragen

1. Wat deed de familie toen ze verdwaald waren in het kasteel?

2. Hoe voelde de familie zich toen ze erachter kwamen dat het gewoon een lokale man was?

3. Wat heeft de man gedaan waardoor hij gearresteerd is?

4. Wat was de straf voor de man?

5. Welk geluid hoorde de familie tijdens de wandeling?

6. Waar was de figuur in de donkere mantel toen de familie hem zag?

7. Wat deed de familie toen ze terugkwamen in hun kamer?

8. Wanneer ging de familie het kasteel weer verkennen?

9. Wat was het ding waar de familie hun vinger niet op konden leggen?

10. Wat deed de familie voordat ze weer op verkenning gingen in het kasteel?

Minun puutarhani

Puutarhani on onnellinen paikkani. Menen sinne joka päivä, satoi tai paistoi, ja vietän aikaa kasvieni hoidossa. Minulla on vähän **kaikkea - vihanneksia**, hedelmiä, kukkia, yrttejä. Minulla on jopa muutama kana, jotka auttavat pitämään tuholaiset loitolla. Aloitan päiväni puutarhassa keräämällä kanojen munat. Sitten tarkastan vihannekset ja varmistan, että ne saavat riittävästi vettä ja aurinkoa. Kitken sängyt ja poimin pois kaikki ötökät, jotka saattavat **hyökätä** kasvien **kimppuun.** Kun **kaikki on hoidettu**, istun alas ja nautin luonnon rauhasta ja hiljaisuudesta.

Olen aina rakastanut viettää aikaa puutarhassani. Luonnon ja sen tarjoaman **kauneuden** ympäröimänä oleminen on jotain erityistä. Minusta se on hyvin rauhallinen ja rauhoittava paikka. Vietän usein aikaa puutarhassani vain rentoutuen ja maisemista nauttien. Nautin myös työskentelystä puutarhassani ja kasvattamisesta. Minulla on melko hyvän kokoinen puutarha, ja tykkään kasvattaa siellä **erilaisia asioita.** Kasvatan kukkia, **vihanneksia** ja yrttejä. Minulla on myös muutama hedelmäpuu, jotka tuottavat herkullisia omenoita, päärynöitä ja luumuja. Viljelyn lisäksi nautin myös siitä, että voin kävellä puutarhassani ja **ihailla** kaikkia niitä erilaisia kasveja ja eläimiä, jotka asuttavat

Mijn tuin

Mijn tuin is mijn geluksplek. Ik ga er elke dag heen, regen of zonneschijn, en besteed tijd aan het verzorgen van mijn planten. Ik heb een beetje van **alles: groenten**, fruit, bloemen, kruiden. Ik heb zelfs een paar kippen die helpen het ongedierte op afstand te houden. Ik begin mijn dagen in de tuin met het rapen van eieren bij de kippen. Dan controleer ik mijn groenten en zorg ervoor dat ze genoeg water en zon krijgen. Ik wied de bedden en verwijder insecten die de planten kunnen **aanvallen**. Als **alles** is gedaan, leun ik achterover en geniet van de rust en stilte van de natuur.

Ik heb altijd graag tijd doorgebracht in mijn tuin. Er is iets met het omringd zijn door de natuur en al het **moois** dat zij te bieden heeft. Ik vind het een heel vredige en kalmerende plek. Ik breng vaak tijd door in mijn tuin, gewoon om te ontspannen en te genieten van het landschap. Ik geniet er ook van om in mijn tuin te werken en dingen te kweken. Ik heb een behoorlijk grote tuin, en ik kweek er graag **verschillende** dingen in. Ik kweek bloemen, **groenten** en kruiden. Ik heb ook een paar fruitbomen die heerlijke appels, peren en pruimen voortbrengen. Naast het kweken van dingen, vind ik het ook leuk om gewoon in mijn tuin rond te lopen en de verschillende planten en dieren te

puutarhaa. Olen viettänyt vuosien varrella monia tunteja työskennellessäni tehdäkseni **puutarhastani** paikan, joka on paitsi kaunis myös toimiva. Rakastan katsella lintujen lentelyä ja kuunnella niiden laulua. Joskus otan jopa kirjan esiin ja luen puutarhassa kaiken luomani kauneuden ympäröimänä. **Puutarhanhoito** on intohimoni, ja se tuo minulle niin paljon iloa. Jokainen päivä puutarhassani on hyvä päivä.

Rakastan muun muassa kokkaamista, joten hyvin varusteltu yrttitarha on minulle hyvin **tärkeä.** Timjami, basilika, oregano, rosmariini, salvia ja laventeli ovat vain muutamia yrttejä, joita haluan kasvattaa puutarhassani, jotta voin käyttää niitä kokatessani aterioita itselleni tai **vieraille**. Toinen asia, joka on minulle tärkeää puutarhassani, on varmistaa, että puutarhassa on runsaasti väriä. Tämän tavoitteen saavuttamiseksi kasvatan monenlaisia kukkia, kuten **ruusuja**, liljoja, päivänkakkaroita, tulppaaneja, impatiineja, kehäkukkia jne. Sen lisäksi, että lisään väriä kukkien avulla, haluan myös lisätä mielenkiintoa käyttämällä erilaisia **kuvioita** puutarhassa. Saatan esimerkiksi istuttaa saniaisia korkeiden auringonkukkien alle tai hostoja piikikkäiden koristeheinien **rinnalle.** Riippumatta siitä, mitä muuta elämässä on meneillään, puutarhassa työskentely auttaa minua aina tuntemaan olevani enemmän yhteydessä luontoon ja rauhassa itseni kanssa.

bewonderen die er wonen. Ik heb in de loop der jaren vele uren besteed om van mijn **tuin** een plek te maken die niet alleen mooi is, maar ook functioneel. Ik kijk graag naar de vogels die rondfladderen en luister naar hun gezang. Soms haal ik zelfs een boek tevoorschijn en lees in de tuin terwijl ik omringd ben door al het mooois dat ik heb gecreëerd. **Tuinieren** is mijn passie en het brengt me zoveel vreugde. Elke dag in mijn tuin is een goede dag.

Een van de dingen die ik graag doe is koken, dus een goed gevulde kruidentuin is erg **belangrijk** voor me. Tijm, basilicum, oregano, rozemarijn, salie en lavendel zijn slechts enkele van de kruiden die ik graag in mijn tuin kweek, zodat ik ze kan gebruiken bij het bereiden van maaltijden voor mezelf of voor **gasten**. Wat ik ook belangrijk vind in mijn tuin is dat er veel kleur in zit. Om dit doel te bereiken, kweek ik een grote verscheidenheid aan bloemen, waaronder **rozen**, lelies, madeliefjes, tulpen, impatiens, goudsbloemen, enz. Naast het toevoegen van kleur met bloemen, vind ik het ook leuk om verschillende **texturen te** gebruiken in de tuin. Zo plant ik bijvoorbeeld varens onder torenhoge zonnebloemen of hosta's **naast** stekelige siergrassen. Wat er verder ook aan de hand is in mijn leven, door in mijn tuin **te** werken voel ik me altijd meer verbonden met de natuur en in vrede met mezelf.

Ymmärtämisen kysymykset

1. Missä on kirjailijan puutarha?

2. Kuinka monta kanaa kirjailijalla on?

3. Mitä kirjailija tekee puutarhassa joka päivä?

4. Miksi kirjailija pitää puutarhasta?

5. Mitä yrttejä kirjailija istuttaa puutarhaan?

6. Miksi kirjailijalle on tärkeää, että hänen puutarhassaan on monia värejä?

7. Miten kirjailija tuo vaihtelua puutarhaansa?

8. Miltä kirjailijasta tuntuu, kun hän työskentelee puutarhassaan?

9. Mikä saa kirjailijan tuntemaan yhteenkuuluvuutta ollessaan puutarhassaan?

10. Miksi jokainen päivä kirjailijan puutarhassa on hyvä päivä?

Begrip vragen

1. Waar is de tuin van de auteur?

2. Hoeveel kippen heeft de schrijver?

3. Wat doet de schrijver elke dag in de tuin?

4. Waarom houdt de auteur van de tuin?

5. Welke kruiden plant de auteur in de tuin?

6. Waarom is het belangrijk voor de auteur dat er veel kleuren in zijn tuin zijn?

7. Hoe brengt de auteur afwisseling in zijn tuin?

8. Hoe voelt de schrijver zich als hij in zijn tuin werkt?

9. Waardoor voelt de auteur zich verbonden als hij in zijn tuin is?

10. Waarom is elke dag in de tuin van de auteur een goede dag?

Ostoksille meno

Rakastan käydä **ostoksilla** ostoskeskuksessa. On aina niin hauskaa kävellä ympäriinsä ja katsella kaikkia eri kauppoja. Kauppakeskuksessa on jokaiselle jotakin, ja sieltä löytää aina hyviä tarjouksia vaatteista, kengistä ja asusteista. Aloitan ostosreissuni **yleensä** kävelemällä ostoskeskuksen **pääsisäänkäynnin** kautta. Sieltä suunnistan ensin suosikkiliikkeisiini. Kun olen käynyt läpi nämä liikkeet, kävelen ympäriinsä ja katson, onko muissa paikoissa meneillään alennusmyyntejä. Vietän ostoskeskuksessa yleensä pari tuntia, ennen kuin lopulta teen ostokseni. Tykkään aina käyttää aikaa ostoksilla käymiseen, **koska** haluan varmistaa, että saan **juuri** sitä, mitä haluan. Lisäksi se on vain hauskempaa niin!

Minusta on aina niin **kiehtovaa** katsella ihmisiä, kun olen ostoskeskuksessa. Ostosten tekotavasta voi todella päätellä paljon ihmisestä. Jotkut ihmiset ovat hyvin järjestelmällisiä ja käyttävät aikaa, kun taas toiset tuntuvat vain nappaavan **kaiken** mahdollisen ja suuntaavan kassalle mahdollisimman nopeasti. On myös niitä ostajia, jotka tuntuvat olevan kiinnostuneempia puhumaan kännykkäänsä tai kirjoittamaan tekstiviestejä kuin katselemaan tavaroita! Olitpa millainen shoppailija tahansa,

Gaan winkelen

Ik hou ervan om te gaan **winkelen** in het winkelcentrum. Het is altijd zo leuk om rond te lopen en naar alle verschillende winkels te kijken. Er is voor elk wat wils in het winkelcentrum, en het is altijd een geweldige plek om deals te vinden voor kleren, schoenen en accessoires. Ik begin mijn shoppingtrip meestal met een wandeling door de **hoofdingang** van het winkelcentrum. Van daaruit ga ik eerst naar mijn favoriete winkels. Na het bekijken van die winkels, loop ik rond en kijk of er een verkoop gaande is op andere plaatsen. Meestal ben ik wel een paar uur in het winkelcentrum voordat ik eindelijk mijn aankopen doe. Ik neem altijd graag mijn tijd als ik ga winkelen**, want** ik wil zeker weten dat ik **precies** krijg wat ik wil. Plus, het is gewoon leuker op die manier!

Ik vind het altijd zo **fascinerend** om mensen te kijken als ik in het winkelcentrum ben. Je kunt echt veel over een persoon vertellen door de manier waarop ze winkelen. Sommige mensen zijn heel methodisch en nemen hun tijd, terwijl anderen gewoon lijken te grijpen **wat** ze kunnen en zo snel mogelijk naar de kassa gaan. Er zijn ook shoppers die meer geïnteresseerd lijken te zijn in het praten op hun mobieltje of in sms'en dan in het bekijken van de koopwaar! Het maakt echter

kaikki tuntuvat nauttivan näyteikkunaostoksista - vaikka et itse asiassa ostaisikaan mitään. Kauniiden tavaroiden katseleminen **näyteikkunoista** tekee minut onnelliseksi. Joskus haaveilen siitä, millaista olisi, jos minulla olisi varaa **kaikkeen** näkemääni! Kaiken kaikkiaan päivän viettäminen ostoskeskuksessa on yksi lempiharrastuksistani. Se on loistava tapa rentoutua ja rentoutua, ja samalla saa myös vähän liikuntaa (jos kävelee tarpeeksi paljon). Lisäksi on **aina välillä** kiva hankkia itselleen uusi paita tai pari kenkiä!

Minulla oli **pitkä** työpäivä, ja minulla oli vihdoin omaa aikaa, joten päätin mennä ostoksille ostoskeskukseen. Tarvitsin uusia vaatteita **tulevaa** sesonkia varten. Heti kun astuin sisään, näin kaikki kirkkaat valot ja kiiltävät näyteikkunat. Suuntasin ensin suosikkiliikkeeseeni ja aloin selata hyllyjä. Löysin muutaman söpön topin ja sovitin niitä pukuhuoneessa. Kun katselin itseäni peilistä, kuulin jonkun tulevan viereiseen pukuhuoneeseen. Tunnistin hänen äänensä yhdeksi työtoveristani. Tervehdimme ja aloimme jutella työasioista. Muutaman minuutin kuluttua lopetimme molemmat ja lähdimme **omille** teillemme, mutta törmäsimme toisiimme myöhemmin uudelleen. Jatkoimme juttelua ja huomasimme, että meillä oli enemmän yhteistä kuin luulimme.

niet uit wat voor soort shopper je bent, iedereen lijkt te genieten van window shopping - zelfs als je niet echt iets koopt. Er is gewoon iets aan het kijken naar al die mooie dingen in de **etalages** dat me gelukkig maakt. Soms fantaseer ik over hoe het zou zijn als ik me **alles** kon veroorloven wat ik zie! Al met al is een dagje winkelen in het winkelcentrum een van mijn favoriete bezigheden. Het is een geweldige manier om te ontspannen en tot rust te komen, terwijl je ook een beetje beweging krijgt (als je maar genoeg rondloopt). Bovendien is het **altijd** leuk om jezelf af en toe te trakteren op een nieuw shirt of een paar schoenen!

Ik had een **lange** dag op het werk en had eindelijk wat tijd voor mezelf, dus besloot ik te gaan winkelen in het winkelcentrum. Ik had wat nieuwe kleren nodig voor het **komende** seizoen. Zodra ik binnenkwam, zag ik al die felle lichten en glimmende etalages. Ik ging eerst naar mijn favoriete winkel en begon door de rekken te snuffelen. Ik vond een paar leuke topjes en paste ze in de kleedkamer. Terwijl ik mezelf in de spiegel bekeek, hoorde ik iemand de kleedkamer naast de mijne binnenkomen. Ik herkende zijn stem als een van mijn collega's. We zeiden hallo en begonnen te kletsen over het werk. Na een paar minuten waren we allebei klaar en gingen we onze **eigen** weg, maar later kwamen we elkaar weer tegen. We praatten verder en beseften dat we meer gemeen hadden dan we dachten.

Ymmärtämisen kysymykset

1. Missä säilytät tavaroita mieluiten?

2. Mikä on suosikkikauppasi ostoskeskuksessa?

3. Kuinka kauan yleensä viivyt ostoskeskuksessa?

4. Mitä mieltä olet ihmisistä, jotka viettävät paljon aikaa ostoskeskuksessa? 5. Mitä teet mieluiten ostoskeskuksessa?

6. Oletko koskaan ostanut jotain ostoskeskuksesta, vaikka et oikeasti tarvinnut sitä?

7. Miten reagoit, kun näet ostoskeskuksessa jotain, josta haluaisit todella pitää, mutta se on liian kallis?

8. Oletko koskaan nähnyt jotain ostoskeskuksessa ja miettinyt, kuka sen ostaisi?

9. Mitä mieltä olet ihmisistä, jotka ostoskeskuksessa keskittyvät kännyköihinsä sen sijaan, että katselisivat kauppoja?

Begrip vragen

1. Waar sla je het liefst op?

2. Wat is je favoriete winkel in het winkelcentrum?

3. Hoe lang blijft u meestal in het winkelcentrum?

4. Wat vind je van mensen die veel tijd in het winkelcentrum doorbrengen?

5. Wat is uw favoriete bezigheid in het winkelcentrum?

6. Heb je ooit iets gekocht in het winkelcentrum terwijl je het niet echt nodig had?

7. Hoe reageert u als u in het winkelcentrum iets ziet dat u heel graag zou willen hebben, maar dat te duur is?

8. Heb je ooit iets in het winkelcentrum gezien en je afgevraagd wie het zou kopen?

9. Wat vindt u van mensen die in het winkelcentrum met hun mobieltje bezig zijn in plaats van naar de winkels te kijken?

Markkinoilla

Herään aikaisin lauantaiaamuna, koska haluan päästä **markkinoille** ennen kuin siellä on liikaa väkeä. Heitän päälleni vaatteet ja lähden ulos ovesta, ja nappaan matkalla mukaani uudelleenkäytettävät kassini. Kävellessäni alan suunnitella, mitä haluan tehdä tulevalle viikolle. Tiedän, että haluan **paahtaa** vihanneksia ainakin kerran, joten minun on ostettava laadukkaita vihanneksia. Haluan myös tehdä keittoa tai muhennosta, joten minun on hankittava myös lihaa. Täytyy katsoa, mikä näyttää hyvältä, kun pääsen sinne. Markkinat ovat vain muutaman korttelin päässä, ja näen jo myyntikojujen pystytykset ja **ihmiset**.

Saavun torille ja menen suoraan vihannestiskille. Valikoima on kaunis, ja täytän pussini erilaisilla **tuoreilla** tuotteilla. Juttelen viljelijän kanssa vähän aikaa, ja hän suosittelee minulle muutamia reseptejä. Olen innostunut kokeilemaan niitä. Keskustelen **viljelijöiden** kanssa ostosteni aikana, tutustun heihin ja heidän tuotteisiinsa. Kun olen saanut kaikki tarvitsemani vihannekset, siirryn lihaosastolle. Tässä kohtaa olen hieman epäröivä, sillä en ole varma, mitä haluan ostaa. Päätän lopulta valita kananlihan, koska se on monikäyttöistä ja sitä voi käyttää monissa eri ruokalajeissa. Ostan myös muutamia eri lihapaloja ja varmistan, että hankin

Op de markt

Ik sta op zaterdagochtend vroeg op, popelend om naar de **markt te gaan** voordat het te druk wordt. Ik trek wat kleren aan en ga de deur uit, terwijl ik onderweg mijn herbruikbare tassen pak. Terwijl ik loop, begin ik te plannen wat ik de komende week wil maken. Ik weet dat ik minstens één keer groenten wil **roosteren**, dus ik moet wat groenten van goede kwaliteit kopen. Ik wil ook een soep of stoofpot maken, dus ik moet ook wat vlees kopen. Ik zal moeten kijken wat er goed uitziet als ik daar ben. De markt is maar een paar straten verderop, en ik zie de kraampjes al staan en de **mensen al rondlopen**.

Ik kom aan op de markt en ga meteen naar de groentekraam. Het aanbod is prachtig en ik vul mijn tassen met een verscheidenheid aan **verse** producten. Ik maak een praatje met de boer en hij raadt me een paar recepten aan. Ik ben enthousiast om ze uit te proberen. Ik maak een praatje met de **boeren** terwijl ik aan het winkelen ben en leer hen en hun producten kennen. Als ik alle groenten heb die ik nodig heb, ga ik naar de vleesafdeling. Ik aarzel een beetje, omdat ik niet zeker weet wat ik wil hebben. Uiteindelijk kies ik voor kip, omdat dat veelzijdig is en in allerlei gerechten kan worden gebruikt. Ik koop

ruohokasvatettua naudanlihaa ja vapaana kasvatettua **kanaa**. Lihakauppias oli ystävällinen mies, joka oli aina iloinen pitkistä työtunneista huolimatta. Hän paketoi kananrintani ja pihvini ennen kuin jutteli minulle viikonlopun suunnitelmistaan. Hyvästelin hänet ja jatkoin matkaani. Nappasin myös munia ja juustoa maitotuotteiden osastolta.

Markkinat olivat täynnä ihmisiä, jotka kaikki halusivat päästä **käsiksi tarjolla oleviin** tuoreisiin tuotteisiin ja lihaan. Ilmassa leijui valkosipulin ja sipulin tuoksu, ja naurun ja keskustelun äänet täyttivät ilman. Kuljin väkijoukon läpi ja valitsin muut tarvitsemani tavarat viikkokauppaostoksia varten. Täytin **korini** hedelmillä ja vihanneksilla, pastalla ja leivällä, ennen kuin suuntasin kassalle. Jono oli pitkä, mutta se eteni nopeasti. Lopulta viimeisetkin **ruokaostokset** oli ostettu, ja oli aika lähteä kotiin. Auto lastattiin täyteen, ja matka kotiin oli pitkä ja vaivalloinen. Liikenne oli vilkasta ja kuumuus ahdistava. Lopulta auto ajoi pihatielle, ja helpotus oli käsin kosketeltavissa. Talo oli viileä ja hiljainen, ja se oli turvapaikka torin **vilinän** jälkeen. Kaikki oli laitettu pois, ja pian talossa vallitsi taas tavanomainen rauha ja hiljaisuus. Minulla oli kaikki, mitä tarvitsin tehdäkseni **herkullisia** aterioita itselleni ja perheelleni. Oli hyvä olla kotona.

ook een paar verschillende stukken vlees, en zorg ervoor dat ik grasgevoerd rundvlees en **scharrelkip koop**. De slager was een vriendelijke man, altijd vrolijk ondanks de lange uren die hij werkte. Hij pakte mijn kippenborst en biefstuk in voordat hij met me praatte over zijn weekendplannen. Ik nam afscheid van hem en vervolgde mijn weg. Ik heb ook nog wat eieren en kaas meegenomen uit de zuivelafdeling.

Het krioelde van de mensen op de markt, die allemaal stonden te popelen om de verse producten en het vlees dat werd aangeboden in **handen te** krijgen. De lucht hing vol met de geur van knoflook en uien, en het geluid van gelach en gesprekken vulde de lucht. Ik baande me een weg door de menigte en zocht de andere dingen uit die ik nodig had voor mijn wekelijkse boodschappen. Ik vulde mijn **mandje** met fruit en groenten, pasta en brood, voordat ik naar de kassa ging. De rij was lang, maar het ging snel. Eindelijk waren de laatste **boodschappen** gedaan, en was het tijd om naar huis te gaan. De auto werd volgeladen, en de rit naar huis was lang en moeizaam. Het verkeer was druk en de hitte was drukkend. Eindelijk reed de auto de oprit op en de opluchting was voelbaar. Het huis was koel en stil, en het was een oase na de drukte van de markt. Alles werd opgeborgen, en het huis was al snel weer in zijn gebruikelijke rust en stilte. Ik had alles wat ik nodig had om **heerlijke** maaltijden te maken voor mezelf en voor mijn gezin. Het was goed om thuis te zijn.

Ymmärtämisen kysymykset

1. Minne henkilö on menossa?

2. Mitä henkilö haluaa ostaa?

3. Kuinka monta laukkua henkilöllä on?

4. Kuinka kaukana markkinat ovat?

5. Mitä henkilö tekee juuri nyt?

6. Mitä kaikkea markkinoilla on?

7. Kuinka monta ihmistä markkinoilla on?

8. Kauanko henkilöltä kesti ostaa kaikki?

9. Miten henkilö lähti kotiin?

10. Mitä henkilö teki kotiin päästyään?

Begrip vragen

1. Waar gaat de persoon heen?

2. Wat wil de persoon kopen?

3. Hoeveel tassen heeft de persoon?

4. Hoe ver weg is de markt?

5. Wat doet de persoon op dit moment?

6. Wat is alles op de markt?

7. Hoeveel mensen zijn er op de markt?

8. Hoe lang heeft de persoon erover gedaan om alles te kopen?

9. Hoe is de persoon naar huis gegaan?

10. Wat deed de persoon toen hij of zij thuiskwam?

Kahvilassa

Oli kolea **syksyinen** aamu, ja olin sopinut tapaavani ystäväni Lilyn lempikahvilassamme kahvilla. Kääriydyin lämpimästi takkiin ja huiviin ja lähdin liikkeelle. Lehdet putoilivat puista, ja ilmassa oli pientä nipistelyä, mutta aurinko paistoi, ja päivästä oli luvassa kaunis. Käveliessäni **ajattelin,** miten hyvä oli, että minulla oli Lilyn kaltainen ystävä. Olimme olleet ystäviä jo vuosia, siitä asti kun tapasimme **yliopistossa**. Meitä yhdisti rakkaus kahviin ja kahviloissa jutteleminen. Vaikka asuimme nyt eri puolilla kaupunkia, tapasimme silti kerran viikossa kahvilla. Kun saavuin kahvilaan, Lily odotti minua jo siellä. Halasimme toisiamme tervehdykseen ja tilasimme sitten kahvit. Löysimme pöydän ikkunan vierestä ja istahdimme alas juttelemaan. **Kahvi** oli herkullista, kuten aina, ja oli niin mukava vaihtaa kuulumisia Lilyn kanssa. Puhuimme viikostamme, työstämme ja tulevaisuuden suunnitelmistamme. Lilyn kanssa oli aina niin helppo puhua, ja minusta tuntui, että voisin kertoa hänelle mitä tahansa. Jonkin ajan kuluttua meillä alkoi tulla nälkä ja **päätimme** tilata ruokaa.

Tilasimme ruokamme ja löysimme istumapaikan ikkunan ääreltä. Aurinko paistoi sisään ikkunasta, mikä sai kaiken tuntumaan lämpimältä ja iloiselta. Juttelimme

In een café

Het was een kille **herfstochtend** en ik had met mijn vriendin Lily afgesproken in ons favoriete café voor een kopje koffie. Ik wikkelde me warm in mijn jas en sjaal en ging op weg. De bladeren vielen van de bomen en de lucht was een beetje fris, maar de zon scheen en het beloofde een mooie dag te worden. Terwijl ik liep, **dacht** ik aan hoe goed het was om een vriendin als Lily te hebben. We waren al jaren vriendinnen, sinds we elkaar op de **universiteit** ontmoetten. We kregen een band door onze voorliefde voor koffie en het kletsen in cafés. Ook al woonden we nu in verschillende delen van de stad, we kwamen nog steeds één keer per week samen om koffie te drinken. Ik kwam aan bij het café, en Lily zat daar al op me te wachten. We omhelsden elkaar en bestelden onze koffie. We vonden een tafeltje bij het raam en gingen zitten kletsen. De **koffie** was heerlijk, zoals altijd, en het was zo leuk om bij te praten met Lily. We spraken over onze week, onze banen, en onze plannen voor de toekomst. Het was altijd zo makkelijk om met Lily te praten, en ik had het gevoel dat ik haar alles kon vertellen. Na een tijdje begonnen we honger te krijgen en **besloten we** wat eten te bestellen.

We **bestelden** ons eten en zochten een plaatsje bij het raam. De zon scheen door het raam naar binnen,

ruokaa syödessämme ja nautimme yksinkertaisesta ilosta, kun olimme toistemme **seurassa**. Kahvilassa oli vilkasta, mutta se ei tuntunut ahtaalta. Ilmassa oli rauhan ja tyytyväisyyden tunne. Kun söimme ruokamme loppuun, istuimme vielä hetken nauttien rauhallisesta **ilmapiiristä**. Juttelimme jonkin aikaa erilaisista asioista, joita elämässämme oli tapahtunut. Oli niin mukavaa vaihtaa kuulumisia ystäväni kanssa ja vain **rentoutua**. Aurinko paistoi ikkunasta, ja tuntui, ettei **mikään** voinut pilata täydellistä päiväämme.

Yhtäkkiä kuulin kovan kolahduksen. Käännyin ympäri ja näin, että mies oli pudonnut katon läpi ja makasi lattialla edessämme. Hän oli pölyn ja roskien peit**ossa** ja näytti olevan tajuton. Ystäväni ja minä olimme molemmat shokissa, kun tuijotimme lattialla makaavaa miestä. Emme tienneet, mitä tehdä tai kenelle soittaa apua. Istuimme vain tuijottamassa häntä, emmekä tienneet, mitä tehdä. Muutaman minuutin kuluttua tajusin sen ja soitin hätänumeroon. Operaattori kertoi, että joku tulisi pian paikalle. Suljin puhelimen ja kerroin ystävälleni, mitä **operaattori** oli sanonut. Me molemmat vain istuimme siinä odottamassa, että apu saapuisi. Se tuntui ikuisuudelta, mutta lopulta ambulanssi tuli paikalle. Ensihoitajat ryntäsivät sisään ja alkoivat hoitaa miestä.

waardoor alles warm en gelukkig aanvoelde. We babbelden terwijl we ons eten aten, en genoten van het simpele plezier om in elkaars **gezelschap** te zijn. Het was druk in het café, maar het voelde niet druk aan. Er hing een gevoel van vrede en tevredenheid in de lucht. Toen we ons eten op hadden, bleven we nog een tijdje zitten, genietend van de vredige **sfeer**. We praatten een tijdje over verschillende dingen die in ons leven waren gebeurd. Het was zo fijn om bij te praten met mijn vriend en gewoon **te ontspannen**. De zon scheen door het raam, en het voelde alsof **niets** onze perfecte dag kon verpesten.

Plotseling hoorde ik een harde klap. Ik draaide me om en zag dat een man door het plafond was gevallen en voor ons op de grond lag. Hij was **bedekt** met stof en puin en leek bewusteloos te zijn. Mijn vriend en ik waren allebei in shock toen we naar de man staarden die op de grond lag. We wisten niet wat we moesten doen of wie we moesten bellen voor hulp. We zaten daar gewoon naar hem te staren, niet wetend wat te doen. Na een paar minuten kwam ik bij en belde 911. De telefoniste zei me dat er zo iemand zou komen. Ik hing de telefoon op en vertelde mijn vriend wat de **telefoniste** had gezegd. We zaten daar allebei te wachten tot er hulp kwam. Het leek wel een eeuwigheid, maar uiteindelijk **kwam** er een ambulance. De ambulancebroeders snelden naar binnen en begonnen met de man te werken.

Ymmärtämisen kysymykset

1. Mistä katolta putoava mies tulee?

2. Miksi nainen on ystävänsä kanssa kahvilassa?

3. Mikä on kahden ystävän suosikkikahvila?

4. Kuinka kauan ystävät ovat tunteneet toisensa?

5. Mikä on kahden ystävän lempijuoma?

6. Missä kaupungissa nämä kaksi ystävää asuvat?

7. Kuinka usein nämä kaksi ystävää tapaavat?

8. Mistä nämä kaksi ystävää puhuvat, kun he tapaavat ensimmäisen kerran lempikahvilassaan?

9. Mikä on näiden kahden ystävän lempiruoka?

10. Miksi Lilyn kanssa on niin helppo puhua?

Begrip vragen

1. Waar komt de man vandaan die door het dak valt?

2. Waarom is de vrouw met haar vriendin in het café?

3. Wat is het favoriete café van de twee vrienden?

4. Hoe lang kennen de twee vrienden elkaar al?

5. Wat is het favoriete drankje van de twee vrienden?

6. In welke stad wonen de twee vrienden?

7. Hoe vaak ontmoeten de twee vrienden elkaar?

8. Waar hebben de twee vrienden het over als ze elkaar voor het eerst ontmoeten in hun favoriete café?

9. Wat is het lievelingseten van de twee vrienden?

10. Waarom is het zo makkelijk om met Lily te praten?

Uimaan meno

Uima-allas oli aina **virkistävä** paikka, eikä tänäänkään ollut toisin. Aurinko paistoi ja vesi näytti houkuttelevalta. Vedin syvään henkeä ja sukelsin sisään, tuntien veden viileän syleilyn. Uin kierroksia jonkin aikaa nauttien liikunnasta ja mahdollisuudesta puhdistaa päätäni. Jonkin ajan kuluttua nousin ulos ja kuivasin itseni, sitten istahdin pyyhkeelle rentoutumaan auringossa. Suljin silmäni ja annoin **lämmön** huuhtoutua päälleni ja tunsin, kuinka lihakseni alkoivat rentoutua. Yhtäkkiä kuulin roiskeita ja avasin silmäni nähdäkseni pikkusiskoni **melomassa** matalassa päässä. Hymyilin ja katselin häntä hetken, nousin sitten ylös ja kävelin hänen luokseen. Juttelimme hetken ja meloimme yhdessä nauttien toistemme seurasta. Pian vanhempamme liittyivät seuraamme, ja vietimme loppuiltapäivän uiden ja leikkien yhdessä. Oli aina niin mukavaa viettää aikaa perheen kanssa uima-altaalla. Vedessä olemisessa on **jotakin sellaista**, joka vain tuntuu kokoavan ihmiset yhteen. Ehkä se johtuu siitä, että vedessä olemme kaikki samanarvoisia - emme voi piilotella puutteita tai teeskennellä olevamme jotain, mitä emme ole. Tai ehkä se johtuu vain siitä, että se on hauskaa! Oli syy **mikä tahansa**, olin vain iloinen siitä, että saimme kaikki kokoontua yhteen ja nauttia toistemme seurasta näin erityisessä paikassa.

Gaan zwemmen

Het zwembad was altijd een **verfrissende** plek om te zijn, en vandaag was dat niet anders. De zon scheen en het water zag er uitnodigend uit. Ik haalde diep adem en dook erin, de koele omhelzing van het water voelend. Ik zwom een tijdje baantjes, genoot van de beweging en de kans om mijn hoofd leeg te maken. Na een tijdje kwam ik eruit en droogde me af, waarna ik op een handdoek ging zitten om te relaxen in de zon. Ik sloot mijn ogen en liet de **warmte** over me heen spoelen, ik voelde mijn spieren ontspannen. Plotseling hoorde ik een plons en ik opende mijn ogen om mijn kleine zusje te zien **poedelen** in het ondiepe gedeelte. Ik glimlachte en keek een tijdje naar haar, stond toen op en liep naar haar toe. We kletsten wat en peddelden samen wat rond, genietend van elkaars gezelschap. Al snel kwamen onze ouders erbij, en we brachten de rest van de middag zwemmend en spelend door. Het was altijd zo leuk om tijd met de familie in het zwembad door te brengen. Er is **iets** met in het water zijn dat mensen samenbrengt. Misschien is het omdat we allemaal gelijk zijn als we in het water zijn - we kunnen onze gebreken niet verbergen of doen alsof we iets zijn wat we niet zijn. Of misschien is het gewoon omdat het leuk is! **Wat** de reden ook is, ik was gewoon blij dat we allemaal bij elkaar konden komen en van elkaars gezelschap

Aurinko paistoi ihولleni, ja ilmassa oli kloorin haju. Kuulin lasten naurun ja roiskumisen äänet altaassa. Makasin altaan vieressä olevalla aurinkotuolilla, nautin auringosta ja **nautin** päivästä. Minulla oli silmät kiinni ja olin juuri vaipumaisillaan uneen, kun kuulin jonkun kävelevän luokseni. Avasin silmäni ja näin naisen seisovan vieressäni. Hänellä oli yllään bikinit ja pyyhe kietoutuneena vyötärönsä ympärille. Hänellä oli pitkät vaaleat hiukset ja siniset silmät. Hänellä oli kädessään **aurinkorasvapullo.** “Haittaako, jos laitan aurinkovoidetta selkääsi?” hän kysyi. “Ei, ei se haittaa”, sanoin ja istahdin ylös, jotta hän yltäisi selkääni. Tunsin hänen kätensä ihollani, kun hän levitti aurinkovoidetta.

Hänen kosketuksensa oli lempeä, ja aurinkovoiteen tuoksu rauhoitti. Suljin taas silmäni ja annoin itseni rentoutua. Kuulin hänen liikkumisensa äänen, mutta en avannut silmiäni. Tyydyin vain makaamaan auringossa ja kuuntelemaan rantaan törmäävien aaltojen ääntä. Muutaman minuutin kuluttua hän käveli pois, ja avasin silmäni. Seurasin häntä, kun hän käveli takaisin lepotuoliinsa ja otti kirjansa käteensä. Hän asettui tuoliin ja alkoi lukea. Suljin taas silmäni ja annoin itseni vaipua uneen.

konden genieten op zo’n speciale plek.

De zon scheen op mijn huid en de geur van chloor hing in de lucht. Ik kon de geluiden horen van lachende kinderen die in het zwembad spetterden. Ik lag op een ligstoel naast het zwembad, te genieten van de zon en **de** dag. Ik had mijn ogen gesloten en wilde net in slaap vallen toen ik iemand naar me toe hoorde lopen. Ik opende mijn ogen en zag een vrouw naast me staan. Ze droeg een bikini en had een handdoek om haar middel gewikkeld. Ze had lang blond haar en blauwe ogen. Ze hield een fles **zonnebrandcrème** in haar hand. “Vind je het erg als ik wat zonnebrandcrème op je rug smeer?” vroeg ze. “Nee, dat hoeft niet,” zei ik, terwijl ik rechtop ging zitten zodat ze bij mijn rug kon. Ik voelde haar handen op mijn huid terwijl ze de zonnebrandcrème aanbracht.

Haar aanraking was zacht en de geur van de zonnebrandcrème was kalmerend. Ik sloot mijn ogen weer en liet me ontspannen. Ik kon het **geluid** van haar bewegingen horen, maar ik opende mijn ogen niet. Ik was tevreden met het feit dat ik daar in de zon lag, luisterend naar het geluid van de golven **die** tegen de kust sloegen. Na een paar minuten liep ze weg, en ik opende mijn ogen. Ik keek naar haar terwijl ze terugliep naar haar ligstoel en haar boek oppakte. Ze nestelde zich in haar stoel en begon te lezen. Ik sloot mijn ogen weer en liet me wegdrijven in slaap.

Ymmärtämisen kysymykset

1. Missä kertoja oli kertomuksen alkaessa?

2. Mitä kertoja haistaa avatessaan silmänsä?

3. Mitä kertoja kuulee avatessaan silmänsä?

4. Kenen aurinkovoidetta nainen antaa kertojalle?

5. Mistä kertoja näkee unta?

6. Miksi meressä uiminen on kertojalle niin erityistä?

7.Miltä tuntuu vesi, jossa kertoja ui?

8. Mitä kertoja näkee, kun hän nousee vedestä?

9. Mitä nainen tekee sen jälkeen, kun hän on laittanut aurinkovoidetta kertojalle?

10. Mistä kertoja ja nainen puhuvat tarinan lopussa?

Begrip vragen

1. Waar was de verteller toen hij het verhaal begon?

2. Wat ruikt de verteller als hij zijn ogen opent?

3. Wat hoort de verteller als hij zijn ogen opent?

4. Van wie is de zonnebrandcrème die de vrouw aan de verteller geeft?

5. Waar droomt de verteller over?

6. Waarom is zwemmen in de zee zo speciaal voor de verteller?

7. Hoe voelt het water aan waarin de verteller zwemt?

8. Wat ziet de verteller als hij uit het water komt?

9. Wat doet de vrouw nadat ze de verteller heeft ingesmeerd met zonnebrandcrème?

10. Waarover praten de verteller en de vrouw aan het eind van het verhaal?

Nurmikon leikkuu

Kello on kymmenen aamulla **kesälauantaina,** ja aurinko paahtaa jo armottomasti. Kävelet autotalliin hakemaan ruohonleikkuria ja tunnet olevasi **tuomittu** pakkotyöhön. Aloitat nurmikonleikkuun ja pidät huolen siitä, että leikkaat hitaasti, ettet missaa yhtään kohtaa. Leikatessasi mietit, miten hyvältä tuntuu olla ulkona raikkaassa ilmassa. Kun alat työntää ruohonleikkuria edestakaisin nurmikolla, näet **silmäkulmastasi** naapurin. Vilkutat ja tervehdit, ja hän vilkuttaa takaisin.

Muutaman minuutin kuluttua olet valmis, ja menet naapurin talolle juomaan olutta hänen kanssaan etupihalla. On **täydellinen** päivä - ei liian kuuma, ja kevyt tuuli puhaltaa. Istut puun varjossa, siemailet olutta ja juttelet naapurisi kanssa. Tällaiset päivät saavat arvostamaan kesäaikaa. Sitten **suuntaat** sisälle ansaitulle oluelle. Lysähdät tuolille kuistille, avaat tölkin ja huokaat tyytyväisenä. Ruohonleikkurin ääni häipyy taustalle, kun rentoudut varjossa ja nautit hetken **rauhasta.** Olut maistuu erityisen hyvältä kaiken sen kovan työn jälkeen kuumuudessa. Olin juuri lähdössä sisälle, kun kuulin melua naapurista.

Se kuulosti siltä kuin joku olisi itkenyt. Lopetin leikkuun

Het maaien van het gazon

Het is 10 uur 's ochtends op een zomerse **zaterdag**, en de zon schijnt al ongenadig. Je sjokt naar de garage om de grasmaaier te halen, met het gevoel dat je **veroordeeld bent** tot dwangarbeid. Je begint het gazon te maaien, en zorgt ervoor dat je het rustig aan doet, zodat je niets over het hoofd ziet. Terwijl je aan het maaien bent, denk je aan hoe goed het voelt om buiten in de frisse lucht te zijn. Terwijl u de maaier heen en weer over het gazon duwt, ziet u uw buurman vanuit uw **ooghoek**. Je zwaait en zegt hallo, en hij zwaait terug.

Na een paar minuten ben je klaar, en je gaat naar het huis van je buurman om met hem een biertje te drinken in de voortuin. Het is een **perfecte** dag - niet te warm, met een zacht briesje. Je zit daar in de schaduw van de boom, nipt van je biertje en kletst wat met je buurman. Het zijn dagen als deze die je de zomer doen waarderen. Dan **ga** je naar binnen voor een welverdiend biertje. Je ploft neer in een stoel op de veranda, trekt het blikje open en slaakt een tevreden zucht. Het geluid van de maaier verdwijnt naar de achtergrond terwijl je in de schaduw ontspant en geniet van de **rust** van het moment. Het bier smaakt extra goed na al dat harde werk in de hitte. Ik stond op het

ja kävelin pihojamme erottavan aidan luo. Kurkistin yli ja näin naapurini, rouva Johnsonin, itkevän kuistikeinussaan. Huusin häntä, mutta hän ei kuullut minua. Kiipesin aidan yli ja kävelin hänen luokseen. “Rouva Johnson, oletteko kunnossa?” Kysyin. Hän katsoi minua kyyneleet silmissään ja pudisti päätään. “Ei, en ole kunnossa”, hän sanoi. “Kissani kuoli eilen.” Olin järkyttynyt. En tiennyt, mitä sanoa. Seisoin vain kömpelösti, enkä tiennyt, mitä tehdä. Lopulta laitoin käteni hänen **olkapäälleen** ja sanoin: “Olen niin pahoillani, rouva Johnson. Jos voin jotenkin auttaa, kertokaa minulle. “ Hän pudisti päätään ja sanoi: “Ei, kukaan ei voi tehdä **mitään.**” Sitten hän nousi ylös ja meni sisälle taloonsa. Seisoin siinä hetken tietämättä, mitä tehdä. Sitten palasin leikkaamaan nurmikkoa. Kun olin lopettanut, en voinut olla ajattelematta rouva Johnsonia ja hänen kissaansa.

punt om naar binnen te gaan toen ik een geluid hoorde bij de buren.

Het **klonk** alsof iemand huilde. Ik stopte met maaien en liep naar het hek dat onze tuinen scheidde. Ik keek om en zag mijn buurvrouw, mevrouw Johnson, huilen op haar schommelbank. Ik riep naar haar, maar ze hoorde me niet. Ik klom over het hek en liep naar haar toe. “Mevrouw Johnson, is alles goed met u?” vroeg ik. Ze keek met tranen in haar ogen naar me op en schudde haar hoofd. “Nee, het gaat niet goed met me,” zei ze. “Mijn kat is gisteren gestorven.” Ik was geschokt. Ik wist niet wat ik moest zeggen. Ik stond daar maar wat ongemakkelijk, niet wetend wat ik moest doen. Uiteindelijk legde ik mijn hand op haar **schouder** en zei: “Het spijt me zo, mevrouw Johnson. Als er iets is wat ik kan doen om te helpen, laat het me alsjeblieft weten. “Ze schudde haar hoofd en zei: Nee, er is **niets** dat iemand kan doen. Toen stond ze op en ging haar huis binnen. Ik stond daar een ogenblik, niet wetend wat te doen. Toen ging ik verder met het maaien van mijn gazon. Toen ik klaar was, moest ik denken aan mevrouw Johnson en haar kat.

Ymmärtämisen kysymykset

1. Mitä kello on?

2. Missä henkilö leikkaa?

3. Miltä henkilöstä tuntuu?

4. Miksi henkilön on leikattava hitaasti?

5. Millainen sää on?

6. Mitä henkilö tekee niiton jälkeen?

7. Mitä henkilö kuulee ennen kotiinlähtöä?

8. Kuka on rouva Johnsonin kanssa?

9. Miksi rouva Johnson itkee?

10. Mitä henkilö sanoo rouva Johnsonille?

Begrip vragen

1. Hoe laat is het?
2. Waar is de persoon aan het maaien?
3. Hoe voelt de persoon zich?
4. Waarom moet de persoon langzaam maaien?
5. Wat voor weer is het?
6. Wat doet de persoon na het maaien?
7. Wat hoort de persoon voordat hij naar huis gaat?
8. Wie is er bij Mrs Johnson?
9. Waarom huilt Mrs Johnson?
10. Wat zegt de persoon tegen Mrs. Johnson?

Hiustenleikkaus

Olin aikonut käydä kampaajalla jo viikkoja, mutta jotenkin aina onnistunut lykkäämään sitä. Mutta **joulun** ollessa aivan nurkan takana tiesin, etten voisi enää lykätä sitä. En halunnut ilmestyä perheeni jouluillalliselle rähjäisen näköisenä. Niinpä aikaisin jouluaamuna lähdin kampaamoon. Vaikka oli aikaista, kampaamo oli jo täynnä muita ihmisiä, jotka **olivat menossa** kampaajalle joulun kunniaksi. Otin paikkani jonossa ja odotin vuoroani. Lopulta oli minun vuoroni tuolissa. Stylisti, ystävällinen nainen nimeltä Jill, kysyi minulta, mitä haluan. “Vain trimmauksen, ei mitään liian rajua”, vastasin. Jill ryhtyi töihin ja leikkasi hiuksiani. Työskennellessäni aloin rentoutua. Tuntui hyvältä, että vihdoin pidin huolta itsestäni. Olin viime aikoina ollut niin kiireinen, juossut ympäriinsä huolehtimassa kaikista muista, että olin antanut omien tarpeideni jäädä taka-alalle. Mutta ei **enää**. Tästä lähtien aioin varata aikaa itselleni.

Kun Jill oli valmis, katsoin peiliin ja olin tyytyväinen näkemääni. Hiukseni näyttivät siistiltä ja kiillotetuilta - täydelliset juhlapäiviä varten. **Kiitin** Jilliä ja **muistin** tulla useammin. Tästä lähtien pidän huolta ennen kaikkea itsestäni. Hän ryhtyi hiuksiani leikkaamaan. Ajattelin, kuinka kiitollinen olin siitä, että olin vihdoin päässyt

Naar de kapper

Ik wilde al weken naar de kapper, maar op de een of andere manier kon ik het steeds uitstellen. Maar met **Kerstmis voor de deur**, wist ik dat ik het niet langer kon uitstellen. Ik wilde niet op het kerstdiner van mijn familie verschijnen als een smerige puinhoop. Dus, vroeg op kerstochtend, ging ik naar de salon. Hoewel het nog vroeg was, was de salon al druk bezig met andere mensen **die** hun haar lieten doen voor de feestdagen. Ik nam plaats in de rij en wachtte op mijn beurt. Eindelijk was het mijn beurt in de stoel. De styliste, een vriendelijke vrouw die Jill heette, vroeg me wat ik wilde. "Gewoon een knipbeurt, niets te drastisch," antwoordde ik. Jill ging aan de slag en knipte mijn haar weg. Terwijl ze werkte, begon ik te ontspannen. Het voelde goed om eindelijk voor mezelf te zorgen. Ik had het de laatste tijd zo druk gehad met voor iedereen te zorgen, dat ik mijn eigen behoeften aan de kant had laten liggen. Maar **nu** niet **meer**. Van nu af aan, zou ik tijd voor mezelf maken.

Toen Jill klaar was, keek ik in de spiegel en was blij met wat ik zag. Mijn haar zag er netjes en gepolijst uit-perfect voor vakantie bijeenkomsten. Ik **bedankte** Jill en maakte een notitie om vaker terug te komen. Van nu af aan zal ik in de eerste plaats voor mezelf

leikkauttamaan hiukseni. Tuntui hyvältä tietää, että näyttäisin edustuskelpoiselta **jouluillallisella**. Enää minun ei tarvitsisi huolehtia siitä, että perheeni kiusaisi minua “rähjäisestä” ulkonäöstäni. Muutaman minuutin kuluttua kampaaja oli saanut hiukseni leikattua ja föönasi ne nopeasti. Katsoin peiliin ja olin tyytyväinen näkemääni - siististi leikattu ulkonäkö, joka sopisi täydellisesti jouluillalliselle. Nyt kun hiustenleikkaus oli ohi, voisin keskittyä nauttimaan joulusta perheeni kanssa. Ja olin siitä entistäkin kiitollisempi.

Se tuntui niin **vapauttavalta**, ja rakastin sitä, miltä uusi hiustenleikkaukseni näytti. Kun olin maksanut kampaukseni, menin kotiin ja aloin pakata matkalle. **En malttanut** odottaa, että pääsin esittelemään uutta ulkonäköäni perheelleni ja ystävilleni. Tiesin, että he olisivat yllättyneitä nähdessään minut. Lentopäivänä saavuin lentokentälle hyvissä ajoin. Kuljin turvatarkastuksen läpi ongelmitta, ja pian olin jo matkalla. Heti kun saavuin määränpäähäni, tunsin jännityksen ilmassa. Joulu oli todellakin ilmassa! Perheeni oli tervehtimässä minua lentokentällä, ja he kaikki olivat ihmeissään uudesta kampauksestani. Vietimme seuraavat päivät **vaihtaen kuulumisia** ja nauttien toistemme **seurasta**.

zorgen. Ze begon aan mijn haar te knippen. Ik dacht eraan hoe dankbaar ik was dat ik er eindelijk aan toe was gekomen om mijn haar te laten knippen. Het voelde goed om te weten dat ik er toonbaar uit zou zien voor **het kerstdiner**. Ik hoefde me geen zorgen meer te maken dat mijn familie me zou plagen over mijn "smerige" uiterlijk. Na een paar minuten was de styliste klaar met het knippen van mijn haar en föhnde ze me snel. Ik keek in de spiegel en was blij met wat ik zag: een strak geknipt kapsel dat perfect zou zijn voor het kerstdiner. Nu mijn kapsel achter de rug was, kon ik me concentreren op de feestdagen met mijn gezin. En daar was ik nog dankbaarder voor.

Het voelde zo **bevrijdend**, en ik hield van de manier waarop mijn nieuwe kapsel eruit zag. Nadat ik voor mijn kapsel had betaald, ging ik naar huis en begon ik in te pakken voor mijn reis. Ik **kon niet** wachten om mijn nieuwe look aan mijn familie en vrienden te tonen. Ik wist dat ze verrast zouden zijn als ze me zouden zien. Op de dag van mijn vlucht kwam ik ruim op tijd aan op de luchthaven. Ik ging zonder problemen door de beveiliging en al snel was ik op weg. Zodra ik op mijn bestemming aankwam, kon ik de opwinding in de lucht voelen. Kerstmis hing zeker in de lucht! Mijn familie was er om me op de luchthaven te begroeten, en ze waren allemaal verbaasd over mijn nieuwe kapsel. We brachten de volgende dagen door **met bijpraten** en genieten van elkaars **gezelschap**.

Ymmärtämisen kysymykset

1. Mitä päähenkilön piti tehdä ennen joulua?

2. Miten päähenkilö suhtautui itsestään huolehtimiseen?

3. Kuka leikkasi päähenkilön hiukset?

4. Miksi päähenkilön perhe kiusasi häntä?

5. Miltä päähenkilöstä tuntui kampauksen jälkeen?

6. Mitä päähenkilö teki kampauksen jälkeen?

7. Miten päähenkilön perhe reagoi hänen hiustenleikkaukseensa?

8. Mitä päähenkilö teki jouluaattona?

9. Mikä teki päähenkilön kokemuksesta erityisen?

10. Mitä tapahtuisi, jos päähenkilö ei leikkauttaisi hiuksiaan?

Begrip vragen

1. Wat moest de hoofdpersoon doen voor Kerstmis?

2. Hoe vond de hoofdpersoon het om voor zichzelf te zorgen?

3. Wie heeft het haar van de hoofdpersoon geknipt?

4. Waarom ging de familie van de hoofdpersoon haar plagen?

5. Hoe voelde de hoofdpersoon zich nadat ze naar de kapper was geweest?

6. Wat heeft de hoofdpersoon gedaan nadat ze naar de kapper is geweest?

7. Wat was de reactie van de familie van de hoofdpersoon op haar kapsel?

8. Wat deed de hoofdpersoon op kerstavond?

9. Wat maakte de ervaring van de hoofdpersoon specialer?

10. Wat zou er gebeuren als de hoofdpersoon niet naar de kapper zou gaan?

Puisto

Aurinko oli laskemassa, ja puisto oli tyhjä. Istuin penkillä odottamassa **ystävääni**. Meidän oli tarkoitus tavata täällä tunti sitten, mutta hän oli aina myöhässä. Juuri kun olin luovuttamassa ja menossa kotiin, näin hänen juoksevan minua kohti. “Olen niin pahoillani”, hän huohotti päästyään penkille. “Junani oli **myöhässä.**” “Ei se mitään”, sanoin **anteeksiantavasti**. “Tulin juuri itse tänne.” Istuimme alas ja juttelimme jonkin aikaa, ja kerroimme toistemme elämästä sitten viime tapaamisemme. Keskustelu sujui **helposti**, ja tuntui kuin aikaa ei olisi kulunut lainkaan siitä, kun viimeksi näimme toisemme. Auringon laskiessa hyvästelimme ja lähdimme omille teillemme. Seuraavan kerran tapasimme eri puistossa. Hän oli taas myöhässä, mutta minua ei haitannut. Oli mukavaa, että oli joku, jonka kanssa puhua ja joka **ymmärsi** minua. Puhuimme unelmistamme ja **toiveistamme**, asioista, joita halusimme tehdä elämällämme. Hän kertoi minulle suunnitelmistaan matkustaa ympäri maailmaa, ja minä kerroin unelmastani tulla kirjailijaksi. Auringon laskiessa jälleen, hyvästelimme jälleen kerran ja lupasimme pitää yhteyttä tällä kertaa.

Vuodet kuluivat, ja **ystävyytemme** säilyi vahvana, vaikka asuimme nyt eri puolilla maata. Pidimme yhteyttä

Het park

De zon ging onder, en het park was leeg. Ik zat op het bankje te wachten op mijn **vriendin**. We hadden hier al een uur geleden afgesproken, maar ze was altijd te laat. Net toen ik het wilde opgeven en naar huis wilde gaan, zag ik haar naar me toe rennen. “Het spijt me zo,” hijgde ze toen ze de bank bereikte. “Mijn trein **had vertraging**.” “Het is goed,” zei ik **vergevingsgezind**. “Ik ben hier net zelf.” We gingen zitten en praatten een poosje, praatten bij over elkaars leven sinds we elkaar voor het laatst zagen. Het gesprek verliep **vlot**, en het leek alsof er helemaal geen tijd was verstreken sinds we elkaar voor het laatst hadden gezien. Toen de zon onderging, namen we afscheid en gingen onze eigen weg. De volgende keer dat we elkaar zagen, was in een ander park. Weer was ze te laat, maar dat vond ik niet erg. Het was fijn om iemand te hebben om mee te praten die me **begreep**. We spraken over onze dromen en **aspiraties**, dingen die we wilden doen met ons leven. Zij vertelde me over haar plannen om de wereld rond te reizen, en ik deelde mijn droom om schrijfster te worden. Toen de zon weer onderging, namen we afscheid van elkaar en beloofden we elkaar dit keer te blijven zien.

Jaren gingen voorbij, en onze **vriendschap** bleef sterk,

kirjeiden ja satunnaisten puhelinsoittojen välityksellä ja jaoimme toisillemme kuulumisia elämästämme. Kun hän ilmoitti menevänsä naimisiin, en ollut **yllättynyt** - hän oli aina ollut **seikkailunhaluinen** tyyppi. Mutta kun hän kysyi minulta, olisinko hänen morsiusneitonsa hääseremoniassaan, joka järjestetään toisella puolella maailmaa asuinpaikastani... se vaati vakuuttamista! Lopulta en kuitenkaan voinut antaa parhaan ystäväni mennä naimisiin ilman minua vierellään, joten peloistani huolimatta (ja hänen aneltuaan sitä kovasti!) **suostuin lähtemään** mukaan siihen, mikä osoittautui elämäni **seikkailuksi**.

Hääpäivä koitti vihdoin. Minua jännitti, mutta olin innoissani saadessani olla mukana näin tärkeässä hetkessä ystäväni elämässä. Seremonia oli kaunis, ja hän näytti onnelliselta vannoessaan valansa. **Sen jälkeen** juhlimme suurissa juhlissa - tuntui siltä, että kaikki hänen tuttunsa olivat tulleet juhlimaan hänen kanssaan! Se oli **maaginen** päivä, jota en koskaan unohda, ja ystävyytemme vain vahvistui tuon seikkailun jälkeen. Nyt, vuosia myöhemmin, pidämme edelleen yhteyttä. Olemme molemmat **muuttuneet** paljon siitä, kun tapasimme ensimmäisen kerran, mutta ystävyytemme on yhtä vahva kuin ennenkin.

ook al woonden we nu in verschillende delen van het land. We hielden contact door middel van brieven en af en toe telefoontjes, waarbij we nieuws over ons leven met elkaar deelden. Toen ze aankondigde dat ze ging trouwen, was ik niet **verbaasd** - ze was altijd al een **avontuurlijk** type geweest. Maar toen ze me vroeg of ik haar bruidsmeisje wilde zijn op haar huwelijksceremonie, dat halverwege de wereld zou plaatsvinden, van waar ik woonde... daar was wel wat overtuigingskracht voor nodig! Maar uiteindelijk kon ik mijn beste vriendin niet laten trouwen zonder mij aan haar zijde, dus ondanks mijn angsten (en na veel smeken van haar!) **stemde** ik ermee in om mee te gaan op wat het **avontuur** van mijn leven bleek te zijn.

De dag van de **bruiloft was** eindelijk aangebroken. Ik was nerveus, maar opgewonden om deel uit te maken van zo'n belangrijk moment in het leven van mijn vriendin. De ceremonie was prachtig, en ze zag er gelukkig uit toen ze haar geloften aflegde. **Daarna** vierden we het met een groot feest - het leek wel of iedereen die ze kende was gekomen om het met haar te vieren! Het was een **magische** dag die ik nooit zal vergeten, en onze vriendschap is na dat avontuur alleen maar sterker geworden. Nu, jaren later, houden we nog steeds contact. We zijn allebei veel **veranderd** sinds we elkaar voor het eerst ontmoetten, maar onze vriendschap is nog even sterk als altijd.

Ymmärtämisen kysymykset

1. Missä kirjailija ja hänen ystävänsä tapasivat ensimmäisen kerran?

2. Miksi kirjailijan ystävä myöhästyi tapaamisesta?

3. Mistä ystävät puhuivat, kun he tapasivat uudelleen vuosia myöhemmin?

4. Miltä kirjailijasta tuntui osallistua ystävänsä hääjuhlaan?

5. Kuvaile hääseremonian puitteita.

6. Miten näiden kahden naisen välinen ystävyys on muuttunut ajan myötä?

7. Mikä on kirjailijan unelma?

8. Minne kirjailijan ystävä aikoo matkustaa?

9. Miksi kirjailija epäröi osallistua ystävänsä hääjuhlaan?

Begrip vragen

1. Waar hebben de auteur en haar vriendin elkaar voor het eerst ontmoet?

2. Waarom was de vriend van de auteur te laat op hun afspraak?

3. Waar hadden de vrienden het over toen ze elkaar jaren later weer ontmoetten?

4. Hoe vond de schrijfster het om de huwelijksceremonie van haar vriendin bij te wonen?

5. Beschrijf de omgeving van de huwelijksceremonie.

6. Hoe is de vriendschap tussen de twee vrouwen in de loop der tijd veranderd?

7. Wat is de droom van de auteur?

8. Waar is de vriend van de schrijver van plan heen te reizen?

9. Waarom aarzelde de schrijfster om de huwelijksceremonie van haar vriendin bij te wonen?

www.ingramcontent.com/pod-product-compliance
Lightning Source LLC
LaVergne TN
LVHW010601160826
845677LV00013B/3210

9798847997997